SHESHUI GONGCHENG JIANSHE HAISHI JIANGUAN ZHINAN

涉水工程建设海事监管指南

◎中华人民共和国河北海事局　编著

人民交通出版社股份有限公司
China Communications Press Co.,Ltd.

内 容 提 要

本书分为总论和上、中、下三篇，总论主要讲解水上水下活动（也称涉水工程）和施工船舶监管的基础知识，上、中、下三篇则分别对水上水下活动前期、施工（活动）期间、营运期三个时间节点的监管工作进行了详细地描述。书中内容既有法律、法规和规范性文件以及行业标准要求，也有实际工作开展过程中形成的相对成熟的经验。

本书可供海事管理机构开展水上水下活动海事监管使用，也可以作为建设、施工和运营单位落实安全生产主体责任和办理水上水下活动相关手续的参考书。

图书在版编目（CIP）数据

涉水工程建设海事监管指南/中华人民共和国河北海事局编著. —北京：人民交通出版社股份有限公司，2015.12

ISBN 978-7-114-12679-6

Ⅰ.①涉… Ⅱ.①中… Ⅲ.①水上施工—船舶管理—指南 ②水下施工—船舶管理—指南 Ⅳ.①U692-62

中国版本图书馆 CIP 数据核字（2015）第 305594 号

书　　名： 涉水工程建设海事监管指南
著 作 者： 中华人民共和国河北海事局
责任编辑： 张　森　郭红蕊
出版发行： 人民交通出版社股份有限公司
地　　址：（100011）北京市朝阳区安定门外外馆斜街 3 号
网　　址： http://www.ccpress.com.cn
销售电话：（010）59757973
总 经 销： 人民交通出版社股份有限公司发行部
经　　销： 各地新华书店
印　　刷： 北京市密东印刷有限公司
开　　本： 720×960　1/16
印　　张： 11.75
字　　数： 205 千
版　　次： 2015 年 12 月　第 1 版
印　　次： 2015 年 12 月　第 1 次印刷
书　　号： ISBN 978-7-114-12679-6
定　　价： 39.00 元

《涉水工程建设海事监管指南》编委会

主　　编：翟久刚　李青平

副 主 编：牛国旗

编　　委：吕晓夫　佟海森　刘　波　刘振涛　齐正胶
李伟伟　郑　奇　吴　双　刘　杰　张尚英
吕巍巍　杜玉国　王晓川

主　　审：史光平　褚守国　杨隽宁　王　刚

序言 Xuyan

2005 年，唐山港曹妃甸港区的建设正式拉开序幕，河北沿海各港口进入新一轮的大建设、大发展时期，大规模的围海造地，码头、航道等港航工程相继上马，中交上海航道局有限公司、中交天津航道局有限公司、中交广州航道局有限公司、中交武汉航道局有限公司，中交一航局一公司、二公司、三公司、四公司、五公司等国内港航工程施工单位云集于此，国内外最先进的大型绞吸式挖泥船、耙吸式挖泥船、打桩船、起重船、铺排船在此大展身手，与此同时，数以千计的内河船舶也纷纷加入了河北沿海如火如荼的建设开发之中，并逐渐成为“主力”之一。工程规模大、参建单位多、施工船舶数量多、人员多，存在问题多，河北沿海水上交通安全形势稳定面临巨大压力。面对沿海港口建设开发热潮带来的新问题，河北海事局科学谋划，勇于创新，积极尝试，本着既要保障辖区水上交通安全，又要保证河北沿海港口开发建设进度，制定了包括施工船舶风险评估、施工船舶挂牌制度等多项港航工程海事监管的举措，既保证了工程建设的安全进展，也保证了港口的正常运营。

2009 年，河北海事局正式提出了打造沿海港航工程建设海事监管品牌目标，对沿海港航工程海事监管的工作进行了全面梳理，按照“抓源求本，疏堵结合，严格监管，共享共赢”的原则，建立起全面的水工海事监管体系，编纂了《涉水工程建设海事监管指南》，教材分为总论和上、中、下三篇，总论主要讲解水上水下活动（涉水工程）和施工船舶监管的基础知识，上、中、下三篇则对水上水下活动前期、施工（活动）期、营运期三个时间节点的监管工作进行了详细描述。书中内容既有法律、法规和规范性文件以及行业标准的要求，也有实际工作开展过程中形成的相对成熟的经验。本教材可用于海事管理机构开展水上水下活动海事监管使用，也可以作为建设、施工和运营单位落实安全生产主体责任和办理水上水下活动相关手续的参考。

《涉水工程建设海事监管指南》的编纂得到了相关港航工程建设、施工单位和海事系统有关专家和人员的支持和帮助，在此，谨向他们表示衷心感谢。

由于时间和水平有限，书中不妥甚至疏漏之处，恳请广大读者提出宝贵意见。

本书编委会

2015 年 10 月

目录 Mulu

总　论

上篇　涉水工程前期海事管理要点

中篇　水上水下活动施工期间监督管理

下篇　营运期管理及通航环境资料管理

总论

第1章　水上水下活动海事管理概论

1.1　水上水下活动海事管理概述

水上水下活动(也称涉水工程)海事管理,是海事管理业务的重要组成部分,是海事部门保护通航环境、维护港口生产和航行安全、保障施工作业、施工船舶及作业人员安全的重要手段。

《中华人民共和国海上交通安全法》规定,作业是指在沿海水域进行的调查、勘探、开采、测量、建筑、疏浚、爆破、救助、打捞、拖带、捕捞、养殖、装卸、科学试验和其他水上水下施工。1999年,为了在全国范围内统一规范水上水下施工作业行为,加强施工安全管理,交通部颁布实施了《中华人民共和国水上水下施工作业通航安全管理规定》(简称"4号令"),进一步明确了水上水下施工作业的范围,对于保障通航安全和施工作业安全、保护通航环境资源起到了积极的作用。随着国家改革开放政策的不断深入和经济建设的不断发展,航运、水利、渔业、体育运动、旅游观光、矿产开采、资源利用、科学研究等水上水下活动日益频繁,"4号令"的实施在适用范围、通航资源综合利用以及推动建设单位、施工单位和主办单位落实安全主体责任等诸多方面显现出不适宜。为了进一步保护通航环境资源,保障通航安全,利于规范管理,适应水上水下活动的发展形势,2011年交通运输部颁布了《中华人民共和国水上水下活动通航安全管理规定》(简称"5号令"),从而拓展了管理方式,突出了安全生产主体责任,并将水上水下施工作业通航安全监督管理扩充到水上水下活动通航安全监督管理,使"水工管理"的内容更加广泛。

1.2　水上水下活动的种类

根据"5号令"第二条,水上水下活动主要包括以下三类:一是工程建设涉及的水上水下施工作业活动,包括勘探、采掘、爆破;构筑、设置、维修、拆除水上水下构筑物或者设施;架设桥梁、索道;铺设、检修、拆除水上水下电缆或者管道;设置系船浮筒、浮趸、缆桩等设施;航道建设,航道、码头前沿水域疏浚。二是有碍航行安全的其他水上水下活动,包括打捞沉船、沉物、科学调查等。三是群众性水上水下活动,包括大型群众性活动、体育比赛等。

1.3 水上水下活动海事管理的现状及存在的问题

1.3.1 现行法律法规与涉水工程大规模发展不同步、适应性不够

目前,对涉水工程(活动)海事管理有比较明确规定的,仅有《中华人民共和国海上交通安全法》、《中华人民共和国内河交通安全管理条例》、《中华人民共和国水上水下活动通航安全管理规定》等。其中,《中华人民共和国海上交通安全法》层次较高,但涉及涉水工程(活动)海事管理的条款较少且偏于原则,可操作性不强;《中华人民共和国水上水下活动通航安全管理规定》在水上水下活动通航安全管理工作中发挥了重要作用,但其作为部颁规章,社会影响、权威性及执行力度仍显不足。总体来说,水上水下活动的法制建设与涉水工程的快速发展和实际情况不相适应。

1.3.2 涉水工程(活动)通航安全管理面临的问题

纵观近年来的工作实际,涉水工程(活动)通航安全仍存在一些问题:

(1)施工条件参差不齐。涉水工程的施工条件直接影响到航道的通航环境,一些施工作业单位施工设备简陋,施工船舶指数状况不佳,施工工艺落后,施工人员技术素质差,资质不符合要求,致使施工作业期一延再延,以致通航水域长时间被占用,而且一些工程施工占用水域面积较大,通航环境被恶化。

(2)施工作业者主体意识不强。一些工程,由于其盲目追求利润,对水上安全投入不足,有的甚至忽视通航安全维护,施工作业组织混乱,不仅延缓施工进度,而且还影响到通航安全。同时有些施工作业者的安全意识较差,在施工作业过程中不能充分认识到自身行为对它船航行的影响,也未能对安全作业区设置方面存在的局限性有足够的认识,以为设置了安全作业区就万事大吉了,因而在施工作业过程中放松必要的戒备,以致受到突如其来的伤害时,不知所措,应对不及。甚至部分工程建成后存在着管理主体不明、安全责任制落实不到位的情况。

(3)海事管理机构安全管理受限较多。一段时期内,由于地方政府和相关行政职能部门对海事机构职责认识不到位,在启动相关影响通航环境的水上水下项目建设时,存在“先上马、后跑手续”的现象,施工单位以“重点工程”或“首长工程”为

借口，盲目赶工期，安全意识淡薄，手续未经申报审批便施工，导致海事机构未能及早介入项目前期工作，造成工作上的被动。

如果海事管理机构不能在工程的可行性研究阶段参与审核活动，甚至在工程的可行性研究、初步设计阶段也没有机会参与审核活动，那么这些工程所涉及和存在的通航安全问题就不可能在办理施工作业申请前被发现，以致不能及时提请有关部门予以重视和纠正。工程一旦立项或设计结束，特别是当不利于通航安全的问题在办理施工作业申请时才被发现，则往往是施工队伍已到位，施工作业已在即，尤其是一些地方政府的重点工程，海事管理机构受到的压力会更大，如果做出违心的“认可”和象征性的“审批”，都会为当地水域的安全留下无穷后患，直接影响船舶安全通航。

由于涉水工程项目多，涉及面广，包括许多行业标准、施工工艺等，与具体专业的海事业务不关联，对海事管理人员知识面要求较高，海事人员的素质直接影响到水工审批的质量，加之具体施工过程中的安全维护需要投入大量的人力、物力，而海事部门人力和物力有限，这些都直接影响到通航安全。

(4)全国从事通航安全影响论证评估的机构众多，在进行论证评估工作的时候对评估内容的选取、标准执行、论证层次等方面差别较大，论证评估报告水平层次参差不齐。没有可以依据的统一标准，可能导致对同一问题的论证评估结论不一致。

(5)水工工程中出现了一些新型的涉水工程(活动)项目，如青岛奥帆赛、上海世博会、广州亚运会等大型水上活动和体育赛事频繁举办，活动规模与社会影响较大，参与人数众多，水上水下活动与通航安全之间矛盾越来越突出，现有的通航标准和管理规范已不能适应形势发展和生产实际的发展。

(6)海上非法采砂和砂石运输活动频繁。近几年，随着建筑业的兴旺发展，各地砂石需求量剧增。由于河道中的砂石质量较好且易于开采、运输，因此，在河道岸边，甚至在航道里采沙的单位和个人越来越多，虽然各地海事或港监机关投入了大量的人力物力进行疏导管理，但是成效甚微，而且治理整顿的成果时常有反复。这种情况在长江、珠江比较普遍，其他内河通航水域也有，尤以长江下游严重。有的河段，随意采挖砂石，会因改变河床形状而加剧河水对河岸及堤防的冲刷；改变河道水流的流向，形成沙包或浅滩，从而恶化水域通航条件。

此外，随着科技的发展，大量先进的技术手段开始出现，如计算机模拟技术、模拟器操作模拟技术、物理模拟技术等，可以大大提高通航安全论证与评估的先进性。而这些先进手段的标准制定及如何适用，有待深入研究和统一规范。

第 2 章　水上水下活动通航安全管理的意义

2.1　水上水下活动对通航安全的影响

2.1.1　水上水下活动期对通航安全的影响

由于水工建筑物一般在通航水域或其附近，因此水上水下施工作业活动就有可能挤占供船舶航行和停泊使用的水域如航线、航路、航道、河道（或天然河道）、锚地等，从而暂时或永久地改变水域的通航尺度，削弱通航能力、恶化通航环境，特别是某些大型水工项目，在其施工作业期间，由于投入施工作业的设施较多，占用水域范围大，影响或危及了周围船舶航行的安全，进而危及水上人命和财产的安全。

2.1.2　涉水工程建成后对通航安全的影响

有些码头建造时不考虑不同类型码头之间的匹配关系，将危化码头与普通件杂散货码头混建在一起，码头之间没有足够的安全间距，留下了安全隐患。

有些码头建造时忽略“靠泊与航行”的关系，片面强调船舶驶出、驶入航道的便利性或有意减少疏浚费用，对码头自身和附近码头泊位的营运安全带来隐患。

有些工程的建设、施工单位缺乏对通航安全的足够重视，在水工建筑物工程设计及建设时不考虑或较少考虑航运的需要，仅从工程投资或施工作业是否方便考虑。比如，建桥虽然改善了陆上的交通状况、架空电缆虽然改善了能源输送状况，但若不能在建设的同时给航行船舶留有足够的发展空间而从客观上恶化了工程水域的通航条件，就会制约本地区航运经济的发展，并影响到邻近地区、河道上游地区的航运经济发展。

还有的由于受经济因素的制约，在设计、建设时片面追求局部利益、眼前利益，比如，水下电缆、管道深埋不足或未覆以坚硬的保护层，又不设置明显的标志，没有划定安全保护区，在船舶通过时就有诱发水底管线事故的可能。

此外，还有些水工建筑物在设计时未及时征求海事机构及航运部门的意见，对影响航运自然因素如水流流向、流态、水深等情况估计不足，对航行的基本需要估计不足，致使建成后留下了许多安全隐患，对过往船舶的通航安全带来较大的影响。

2.2　水上水下活动通航安全管理的目的

2.2.1　规范水工作业，维护通航安全

随着改革开放的不断深入和经济的发展，各地进行的水上水下施工作业越来越多，涉及的工程投资规模越来越大。但是，与此同时其对通航环境的影响也日益加剧，表现较为突出的是违章施工作业、施工安全方案设计不周、施工安全管理措施不落实等的绝对数据不断上升。对水上水下施工作业行为加以规范，将有助于消除或减少施工和建设中的无序状态，有效降低通航安全影响程度。

水上水下施工作业时，船舶、排筏、设施会占用一定的通航水域，对船舶正常航经施工水域造成干扰，重大水上工程对过往船舶的通航安全影响尤其突出。加强了水上水下的施工管理，通过划定施工作业区、安全作业区或禁航区，发布航行警（通）告，设置安全有效的助航标志，在规范施工作业单位水上作业行为的同时，有效地保障过往船舶航行的安全。

2.2.2　保护通航环境资源

所有挤占通航水域和使用国家岸线的项目，均需要海事部门早期介入审批活动，以便及早了解情况、及早发现问题、及早采取补救措施，以及有效防止和避免通航环境资源被破坏，使得通航环境资源得以保护和合理利用。

2.2.3　保护施工作业安全和施工作业者的合法权益

在通航水域从事水上水下施工作业活动，施工作业者与通航船舶不可避免地会产生相互干扰、相互妨碍，一旦发生水上交通事故，不但施工作业的进度受到影响，施工作业者的人身安全和经济利益也会受到损害，因此造成的善后工作还要牵涉大量的人力、物力。海事主管机关通过划定施工作业区、安全作业区或禁航区，发布航行警（通）告，可以有效地防止无关船舶和排筏进入施工作业水域，从而避免或减少交通事故。经核准的施工作业区、安全作业区或禁航区同时还受到法律的保护，任何船舶未经许可不得驶入；在施工作业区、安全作业区或禁航区内从事

施工作业的船舶、设施亦同时受到法律的保护，其施工作业行为不容侵害。因此，施工作业安全和施工作业者的合法权益可得到有效保障。

2.2.4 强化施工作业者的安全意识和环保意识

少数施工作业者的安全意识较差，在施工作业过程中不能充分认识到自身行为对它船航行的影响，也未能对安全作业区设置方面存在的局限性有足够的认识，在施工过程中放松必要的戒备。

个别施工作业者环保意识较差，施工作业过程中缺乏必要的环境安全保障措施和足够的环境污染应急处理手段，致使突发污染事故时难以及时、有效地加以控制。

应该切实加强施工作业者的安全意识，促使施工作业者及时拿出预防处置措施；必须强化施工作业者的环保意识，调动施工作业者的主观能动性，有效地防止污染事故的发生。

2.2.5 提高通航环境保护意识

通航环境是水上交通的最基本条件，现实社会中个别单位和少数人保护水域通航环境的意识较为淡薄，存在任意占用公共水域、随意占据航道的现象。有的在通航水域构筑一些妨碍船舶航行与停泊作业安全的水上水下建筑物；有的为满足个人或小集体眼前的经济利益而不顾及长远社会经济效益，致使区域内良好的航运资源丧失殆尽；凡此种种，归根结底是通航环境的保护意识不足。加强水上水下施工作业通航安全管理，有利于提高对通航环境的保护意识。

2.2.6 提高施工作业者的素质

有些施工作业单位施工设备简陋，施工工艺落后，施工人员技术素质较差，资质浅薄，致使施工作业期一延再延，原本拥挤的通航水域被长时间占用，原本良好的通航环境被恶化。强化施工作业的资质审核可以有效地限制低素质施工作业者进入施工作业市场，有利于提高水上水下施工作业队伍整体素质。

2.3 水上水下活动通航安全管理的任务

2.3.1 规范水工作业，维护通航安全

随着改革开放的不断深入和经济的发展，各地进行的水上水下施工作业越来

越多，涉及的工程投资规模越来越大。但是，与此同时其对通航环境的影响也日益加剧，表现较为突出的是违章施工作业、施工安全方案设计不周、施工安全管理措施不落实等的绝对数据不断上升。对水上水下施工作业行为加以规范，将有助于消除或减少施工和建设中的无序状态，有效降低通航安全影响程度。

2.3.2　保护通航环境资源

所有挤占通航水域和使用国家岸线的项目，均需要海事部门早期介入审批活动，以便及早了解情况、及早发现问题、及早采取补救措施，以及有效防止和避免通航环境资源被破坏，使得通航环境资源得以保护和更好的合理利用。

2.4　水上水下活动通航安全管理途径

水上水下活动的通航安全管理途径应注意以下7个方面：

(1)强调早期介入，应在活动的设计或预研阶段介入并提出通航安全方面的意见。

(2)强调作业安全，严格控制施工作业者的准入资质门槛。

(3)强调预防为主，严把施工作业安全措施及应急处置方案大关。

(4)认真核实施工作业区划，及时发布航行通(警)告。

(5)加强活动现场监管力度，维护正常的通航秩序。

(6)加大对违法行为的整治打击力度，维护良好的通航环境。

(7)利用媒体等各种途径进行宣传。

第3章　各类水上水下活动监管要点

本章节主要从常见的水上水下活动的基础知识，施工程序出发，对涉及施工作业安全或营运期安全的要点进行描述，其中涉及施工船舶内容本章仅列出，具体监管要点在下一章重点介绍。

3.1　跨越类水工建筑物建设工程

公路、铁路等交通建设在遇到海峡、江河湖泊、山谷深沟等天然屏障时，为了保持交通的连续性，充分发挥其正常的运输能力，需要建造专门的跨越类水工建筑物来跨越屏障，维持交通畅通。跨越类水工建筑物通常包括桥梁、索道、架空电缆等。

3.1.1　桥梁

桥梁按结构形式来划分，有梁式桥、拱式桥、钢架桥、吊桥、组合体系桥（包括悬索桥、斜拉桥等）五种。按用途来划分，有公路桥、铁路桥、公路铁路两用桥、农用桥、人行桥、运水桥（渡槽）、开启桥、浮桥、漫水桥及其他专用桥梁（如通过管路、电缆等）。按主要承重结构所用的材料划分，有圬工桥（包括砖、石、混凝土桥）、钢筋混凝土桥、预应力混凝土桥、钢桥和木桥等。按跨越障碍的性质，可分为跨海桥（如图3.1-1和图3.1-2所示）、跨河桥、跨线桥（立体交叉）、高架桥和栈桥。

图3.1-1　杭州湾跨海大桥

图3.1-2　珠港澳大桥

1)施工方法

根据桥梁构件的制作地点不同,可以分为就地浇注法和预制安装法;根据桥梁结构的形成方式,可以分为以桥墩为起点的悬臂施工法和转体施工法,以桥轴一端为起点的逐孔施工法和顶推施工法,以及提升与浮运施工方法及以横桥向为准的横移施工法。

2)监管要点

(1)吊装船、起重船等一般以非自航船舶为主(如图3.1-3所示),操作受限,船舶水面上高度大,受风浪影响较强,应在安全监管工作中作为重点。

(2)预制部件运输量较大,参与运输的船舶经常出现超载、证书不全等问题,需引起注意。

(3)桥梁工程在施工期,通常需要大量施工船协助施工作业,增大所在水域的船舶流量,并可能占用航道,使通航形势变得复杂。

(4)施工作业船舶以及运输船舶临时停泊区设置,以及临时停泊区需要加强通航安全管理。

(5)桥梁工程重点施工阶段,通航安全影响较大时,需要对作业水域实施海巡艇现场监管,必要时甚至需要实施通航管制。

(6)施工作业可能产生碍航物,施工作业结束后,施工单位有责任清除水中的一切碍航物,并对桥区上下游一定范围的水域进行硬式扫床,扫测结果经验收后报备有关主管部门。

图3.1-3　大桥首跨钢箱梁吊装

3.1.2　索道、架空电缆等跨越工程

1)施工方法

索道(如图3.1-4所示)与架空电缆(如图3.1-5所示)等跨越类工程的施工作

业与桥梁有共同之处，但比起桥梁有一定的简化。

2）监管要点

（1）在工程施工期，墩塔施工、缆索过江施工中，可能占用一定范围的可航水域，甚至可能需要临时封航，应注意施工水域的交通指挥。

（2）当通航水域中设墩时，会潜在增加过往船舶碰撞工程设施、墩塔的风险，注意对外公告和相应建筑物的警示标识，防止过往船舶发生触碰事故。

图 3.1-4 跨海索道

图 3.1-5 架空电缆

3.2 港口类水工建筑物建设工程

3.2.1 码头

码头是停靠船舶、装卸货物、上下旅客或进行其他专业性作业的水工建筑物。广义的码头由码头建筑物、装卸设备、库场和集疏运设施组成。码头是港口主要水工建筑物之一。

1）码头组成部分

码头由主体结构和码头设备两部分组成，主体结构包括上部结构、下部结构和基础，如图 3.2-1 所示。

上部结构的作用是直接承受船舶荷载和地面使用荷载，并将这些荷载传给下部结构；同时还起着将下部结构的构件连成整体的作用。同时也是设置防冲设施、系船柱、轨道、管沟的基础。它大部分位于水位变化区，直接受波浪冲击、冰凌撞击、冻融和船舶撞击磨损等作用，要求有足够的整体性和耐久性。下部结构和基础的作用是支撑上部结构，形成直立岸壁，并将作用在上部结构和本身上的荷载传给地基。高桩码头设置独立的挡土结构,板桩码头设置拉杆、锚碇结构,分别为了挡土或保证码头结构的稳定。

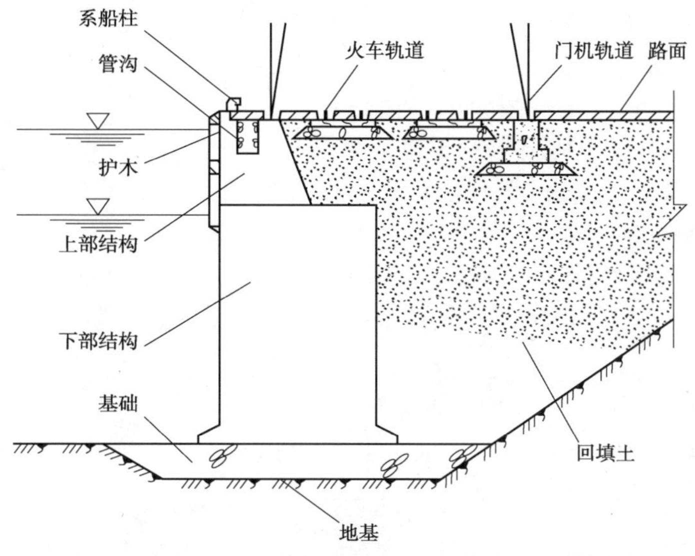

图 3.2-1 码头结构示意图

码头设备是为船舶系靠和装卸作业设置在码头上的固定设备,包括系船设施(系船柱、系船环等)、防冲设施(护木、橡胶护舷、靠船柱等)、安全设施(系网环、护轮槛等)、工艺设施(工艺管沟、起重机和火车轨道等)和路面等。

2)码头分类

从水上水下活动及部分港口设施后续监管的角度出发,本节主要讨论从用途和结构形式对码头建筑物进行的分类。

(1)按用途分为货码头、客码头、工作船码头、渔码头、军用码头、船渡码头、修船码头及舾装码头等;货码头按货种的不同,又有件杂货码头、散货码头(煤码头、矿石码头、矿建材料码头等)、油码头和其他专业码头(集装箱码头、钢铁码头、粮食码头及木材码头等)。

(2)按结构形式分为重力式、板桩式、高桩式、混合式等,目前常见的为前三种结构形式。

重力式码头是靠自重力(包括结构及其范围内填料的重量)来维护建筑物的抗动和抗倾、稳定。重力式一般适用于较好的地基,它是耐久性和对超载和工艺变化适应能力最好的一种结构,也是码头的一种主要结构形式。

板桩式码头是靠打入地基中的板桩墙来挡土的,板桩的上端一般采用锚碇结构,以维持其整体稳定性。由于板桩是一薄壁构件,而且又受有较大的土压力,所以它一般适用于万吨级以下的码头。除特别坚硬或过于软弱的地基外,一般均可考虑采用。

高桩式码头的上部结构构成码头地面并把桩基连成整体,它直接承受作用在码头上的荷载和外力,然后通过桩基将这些荷载和外力传给地基。高桩式码头一般适用于软土地基,它的耐久性和对超载以及工艺变化的适应能力较差。

3)重力式码头施工程序及关键监管要点

(1)施工程序。重力式码头依靠结构本身及其上填料的重量抵抗建筑物的滑动和倾覆,同时它又对地基产生应力,故要求地基具有一定的强度。重力式码头由基础、墙身、胸墙、墙后填土和码头设备组成(如图3.2-2所示)。

图3.2-2 大型重力式沉箱码头

基础施工包括基槽开挖、基床抛石、基床夯实、基床整平。重力式码头墙身多采用预制混凝土方块、沉箱、扶壁、大直径圆筒等结构。胸墙是用以将墙身预制构件连成整体的上部结构,一般采用现浇混凝土,以求其整体性。

(2)监管要点。根据重力式码头的特点和施工程序,在该码头的施工过程需要着重关注以下几个要点:①施工作业活动开始时涉及水上水下活动,应注意水工审批、船舶签证等手续办理的及时性;②参与基槽开挖,运输石料船舶多为非自航平板驳船,作业过程可能需要起重船参与,沉箱往往需要拖带至施工现场,以上工程涉及水上拖带航行时应予以注意;③非自航船舶避风区域选择和应急避风问题应高度关注;④基础床夯实、整平的过程中可能涉及爆夯作业,在手续办理、安全作业区划定、现场监管方面应予以注意;⑤注意选择合适的沉箱存放场地,并按照规定发布航行通告、警告。

4)板桩码头施工程序及关键监管要点

(1)施工程序包括:预制和施打板桩;预制和安设锚碇结构;制作和安装导梁;

加一T桩和安装拉杆;现场浇筑帽梁;墙后凹填土和墙前港池挖泥等。当采用锚碇板或锚碇墙的锚碇结构时,要在打好板桩、做好锚碇结构、安装好导梁与拉杆、浇筑完帽梁之后,先回填锚碇结构前面的土体(或其他回填料)并夯实,使锚碇结构能承受压力,然后再回填板桩墙后的土体,最后开挖码头前港池至设计深度。具体施工程序如图3.2-3所示。

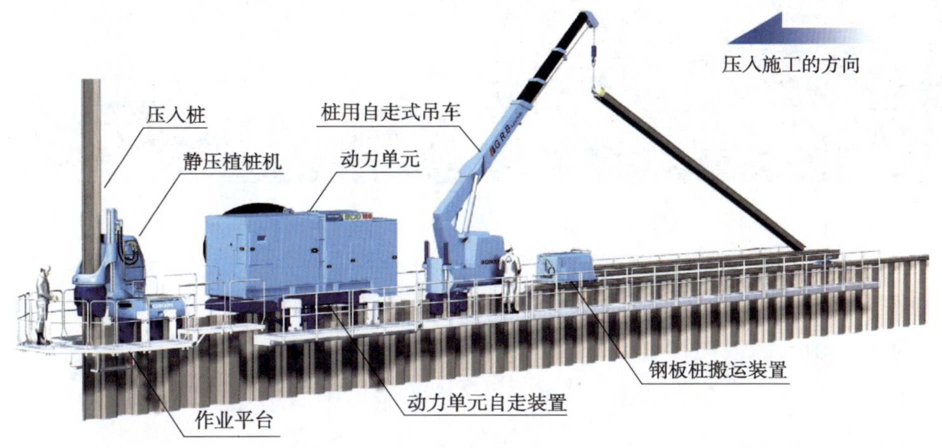

图3.2-3　板桩码头施工程序示意图

(2)监管要点:①板桩沉桩和锚碇结构及拉杆安装是板桩码头施工的主要工作。由于以上作业均在陆上进行,海事的现场监管介入时间较晚,因此,为实现海事监管、服务的意图和效果,应该注意做好码头工程的提前介入,对码头的设计、建设过程中提出合理化建议,同时告知建设、施工单位在涉及水工作业开始前及时办理水工手续;②码头前港池一般使用绞吸式挖泥船进行开挖、抓斗船进行找平,施工规模较大,在日常监管中在加强作业和作业船舶自身管理的同时,需要注意采取措施避免修改作业活动对相邻码头泊位、航道等港口设施造成通航安全影响。

5)高桩码头施工程序及关键监管节点

(1)施工程序。高桩码头利用地基的桩将作用于上部结构的荷载传到地基,由桩基、上部结构、码头设备、接岸结构及护坡组成(如图3.2-4所示)。高桩码头主要部件多为预制。

(2)海事监管要点:①打桩船一般以非自航船舶为主(如图3.2-5所示),且操作受限,船舶高,受风浪影响较大,应在安全监管工作中作为重点;②钢桩、码头部件运输量较大,参与运输的船舶往往存在良莠不齐的现象,需引起注意;③高桩码头往往设计等级较大,目前采取栈桥式施工较多,栈桥钢梁的运输和吊装作业也应引起注意;④注意对外公告和相应建筑物的警示标识,防止栈桥式码头突出岸边后，易引发过往船舶触碰事故。

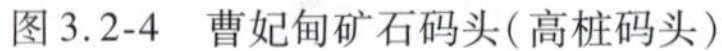

图 3.2-4　曹妃甸矿石码头（高桩码头）

图 3.2-5　打桩船

3.2.2　船坞及船台

船坞是用于修造船舶的水工建筑物，通常布置在修造船厂内或岸边，主要是用于船舶建造与修理。船台，即造船平台，它是造船厂中修造船舶的工作平台，也是建造和修理船舶的场所。

1）船坞分类

船坞有两种：干船坞（如图 3.2-6 所示）和浮船坞（如图 3.2-7 所示）。

图 3.2-6　干船坞

图 3.2-7　浮船坞

干船坞的三面接陆一面临水，其基本组成部分为坞口、坞室和坞首。坞口用于进出船舶，设有挡水坞门，船坞的排灌水设备常建在坞口两侧的坞墩中；坞室用于放置船舶，在坞室的底板上设有支撑船舶的龙骨墩和边墩；坞首是与坞口相对的一端，其平面形状可以是矩形、半圆形和菱形，坞首的空间是坞室的一部分，在这里拆装螺旋桨和尾轴。干船坞配有各种动力管道及起重、除锈、油漆和牵船等附属设备。当船舶进入干船坞修理时,首先用灌泄水设施向坞内充水,待坞内与坞外水位齐平时,打开坞门,利用牵引设备将船舶慢速牵入坞内,之后将坞内水体抽干,使船舶坐落于龙骨墩上。修完或建完的船舶出坞时,首先向坞内灌水,至坞门内外水位齐平时,打开坞门,牵船出坞。浮船坞是一种可以移动并能浮沉的凹字形船舱。它不仅可用于修、造船舶,还可用于打捞沉船,运送深水船舶通过浅水的航道等。浮船坞的自动化和电气化程度较高,船坞的浮沉是由中央指挥台操纵,坞上设有电站(发电量可供十万人口的城镇照明用),以及机工、电工、木工等车间。

2)作业特性

(1)船舶进出船坞作业。进出浮船坞的船舶整个作业过程采取直进直出的方式,整个过程通常不需要进行旋回掉头作业。

为尽量避免浮船坞修船作业期间造成水域环境污染,在船舶进入浮船坞后,其浮船坞周围水域应先立即布设围油栏,然后进行修船作业,待修船作业完毕后,方可打开围油栏,船舶出坞。

(2)施工作业。船坞与船台的基础施工总体类似于码头,在此不做详述。

3)船坞与船台的碍航特性

(1)船坞与船台自身的碍航性。船坞与船台的碍航性与码头类似,尤其在内河水域,船坞与船台通常由岸边向水面延伸,有时延伸部分较长,甚至占用航道,无形中缩窄了可航水域,使通航环境恶化。

(2)船坞与船台施工期的碍航性。船坞与船台在施工期需设置施工作业区,占用水域的范围比建成后更大,并且需要施工船协助施工时,增大水域内的船舶密度,使通航条件更加复杂。

3.3　拦海(河)类水工建筑物建设工程

通常,拦海(河)类水工建筑物包括船闸、水闸、围埝、拦河坝、浮桥、升船机等。因其特点相似,本节重点选取其中船闸、升船机、拦河坝和浮桥进行讲解。

3.3.1　船闸

船闸是通过提高或降低水面的高度而使船舶直接过坝的一种通航建筑物。它是由上下游引航道、上下闸首、闸门、闸室等挡水建筑物和能使闸室水位升降的输水系统形成的水梯。

1)船闸分类

船闸种类很多,根据不同的特征,如闸室数目、位置、功能等,可分为不同类型。

内河船闸和海船闸：内河船闸是指建于内陆河流及人工运河上，供内河船舶航行的船闸（如图3.3-1所示）。海船闸是指建于封闭式海港港池口门、海运河及入海河口，供海船航行的船闸。

单级船闸和多级船闸：单级船闸是指只有一个闸室的船闸。多级船闸指沿船闸轴线方向有两个以上闸室的船闸（如图3.3-2所示）。

图3.3-1　内河船闸

图3.3-2　三峡双线五级船闸

单线船闸和多线船闸：单线船闸是指在一个枢纽内只建有一座船闸。多线船闸是指在一个枢纽内建有两座以上的船闸。

其他如广室船闸、省水船闸、井式船闸等。

2）船闸特性

船闸的特性主要体现在其功能上，即船舶过闸。船舶过闸时，首先由上下游引航道进入闸室，由闸首、闸门、闸墙围成的闸室起挡水作用，由廊道和阀门构成的输水系统通过灌水或泄水使闸室水位升降，停在闸室内的船舶随闸室水位而由下游水面升到上游水面，或由上游水面降至下游水面，从而完成过坝作用。船闸尺度需按照过闸船舶的需要而定，要能够做到船舶（船队）一次过闸，故为国内外所广泛关注。

3）船闸船用安全设备

为使船舶迅速安全过闸，在闸室内设有系船、牵引、信号等船用安全设备。

（1）系船设备。为船舶在过闸期间或等待过闸系泊时使用的设备，有系船桩和系船环两种。系船桩设置在船闸墙壁两边的地面上，其间距为15～25m；系船环设置在闸厢的墙壁上，有固定的和活动的两种。活动船环，又称浮动系船桩，可随水位变化升降。

（2）牵引设备。为加速船舶进出闸室之用，有电绞盘、电力吊车、电拖车三种。其中电绞盘能在船闸的进出口处接船，使船舶能加速进出船闸口。而电力吊车及电拖车则可以一直带着船队从引航道进入船闸，再送出船闸。

（3）信号设备。是引导和控制船舶安全过闸的设备，如各种灯号、信号、航标等。目前船闸控制指挥系统均由电子遥控完成,有些船闸不配有工业电视,船舶过闸流程可由电脑集控完成。

4)船闸工程自身的碍航性

(1)船闸工程调峰期水位变化对通航安全的影响。洪水期两岸低坪部分及滩地有可能被淹没,岸形发生变化,河槽与岸坡的界限不清,使驾驶人员在选择航路、确定航向、摆正船位等方面失去可靠的依据,船舶航行时对主航道不易分清。

(2)船闸泄洪时,水流流速加大,可能引起泡水、漩涡等不良水流,对船舶的航行安全会造成一定的影响。

(3)船闸的建设将会改变上游水域的水位,甚至使非通航水域变为可通航水域,使上游的通航环境变得更为复杂。

(4)由于船闸的建设具有一定的碍航性,限制通航尺度,如果船闸的调度不符合船舶行为特征或船闸通过能力太小,可能会导致长期滞航现象发生。

(5)由于船闸尺度及优化排挡的要求,会限制过闸船舶的尺度,甚至改变过闸船舶的船型及尺度构成。

5)船闸施工作业

为使船闸施工与河水宣泄互不干扰,需要先进行施工导流。施工导流的实施,首先需要解决选择导流方式、确定导流流量、设计导流建筑物、制定截流措施以及解决基坑排水等。常用的导流方式有全段围堰法和分段围堰法两大类。其中全段围堰法又分为明渠、隧洞、涵洞、倒虹吸、渡槽导流等。

6)船闸工程施工期的碍航性

(1)船闸在施工时,会占用一定的可航水域。在施工导流时,根据导流方式的不同,对通航船舶的影响程度也不同。分段围堰时,过往船舶在与施工水域有一定安全距离的航线航行,对航行构成影响;全段围堰和实施截流时,则临时性封航,延长船舶的航行时间,甚至引起滞航。

(2)若需要施工船协助,则会增大水域交通流。

3.3.2 升船机

升船机是利用机械的方法升降装载船舶的承船箱,使船舶克服由于在天然或渠化河流以及在运河上建坝而形成短距离范围内水位落差的通航建筑物。

1)升船机分类

升船机可分为垂直式和斜坡式两种。垂直式升船机——将船放在承船箱中垂直升降的机械设备(如图3.3-3所示)。其主要构件是一只大箱子,两头有门,可以与上、下河段相接合,然后通过动力使承船箱做升降运动。斜坡式升船机——在倾斜的地面上铺设轨道，用平车将船由低水位级运向高水位级或由高水位级运往低水位级（如图3.3-4所示）。例如，在长江支流汉江的丹江口水库上设有以上两种升船机。

图3.3-3　丹江口垂直式升船机

图3.3-4　丹江口斜坡式升船机

2）升船机特性

升船机和船闸的根本不同点是：船闸是直接借闸室的水面升降，使停泊在闸室内的船舶完成垂直运动；升船机则是用机械的方法，升降装载船舶的承船箱，以克服集中落差，保证船舶在上下游航道之间安全可靠的进出。

3）升船机施工作业

升船机与船闸不同的是需要使用承船箱，但施工作业总体与船闸相似，可参考船闸的施工作业。

4）升船机的碍航性

升船机的碍航性总体与船闸较为相似，可参考船闸的碍航性影响。但由于升船机用机械的方法升降船舶，相比船闸更为灵活，通航效率较高，引发滞航的可能性较低。但受限于自身承载能力，限制了通航船舶的尺度。

3.3.3　拦河坝

1）拦河坝分类

拦河坝主要有非过水坝和过水坝两大类。

非过水坝必须在高度上足够拦蓄上游来的全部洪水，一般只用土木结构筑成，其优点是拦蓄量大、成本低。

过水坝则要求拦蓄的河水到达一定程度时，能向下游水级排泄河水。按其排泄方式的差异，有以下四种形式的过水坝。

溢流坝——其顶部没有任何建筑物，以坝顶漫溢泄水。

闸门坝——其顶上有若干平行的闸门，通过闸门排泄河水，用调节闸门位置的高低来调节上下水级的水位。

混合坝——是溢流坝和闸门坝的混合体，两者的功能兼而有之。

活动坝——也叫通航坝或低压坝，其闸门是活动的，洪水期时可将闸门打开或折上，使船舶自由通过，枯水期则将闸门关闭，提高上游水位，使船舶经船闸上驶过。

2）拦河坝的施工作业

拦河坝的施工作业类似于船闸，在此不做详述。

3）拦河坝的碍航特性

（1）拦河坝自身的碍航性。从航运的角度来说，水坝的修建使下游水级的流态变得平缓，使上游水级的航道水深增加，这是有利船舶航行的方面，但是同时也会带来船舶操纵复杂等不利因素。

（2）拦河坝施工期的碍航性。拦河坝施工期的碍航性与船闸相似，可参考船闸施工期的碍航性。

3.3.4　浮桥

浮桥是指用船或浮箱代替桥墩，浮在水面的桥梁，属于临时性桥梁（如图3.3-5所示）。由于浮桥架设简便，成桥迅速，在军事上常被应用，用完后即拆除。浮桥在拆除前，会短暂妨碍通航秩序，但拆除后，这种影响会消除。

图3.3-5　赣州古浮桥

3.4　穿越类水工建筑物建设工程

根据《中华人民共和国海事局水上水下活动通航安全影响论证与评估管理办法》规定，穿越类水工建筑物主要指建设水下电缆、管道等。

穿越类水工建筑物工程竣工后将成为长期存在的水工（水底）建筑物，其使用期间对过往船舶的通航环境可能产生长期的影响，废弃后如不能及时打捞或清除，可能成为水底碍航物，并对该水道的通航环境与通航安全产生永久性影响。因此，保护措施较为严格。

3.4.1　电缆

电缆系指通信电缆或电力电缆。

1)施工方法

以海底电缆施工为例,其施工方法即工艺流程通常为:

装缆运输——→施工准备(牵引钢缆布放、扫海等)——→始端登陆穿堤施工——→海中段电缆敷埋施工——→终端登陆平台施工——→海缆冲埋、固定——→终端电气安装——→测试验收(如图3.4-1所示)。

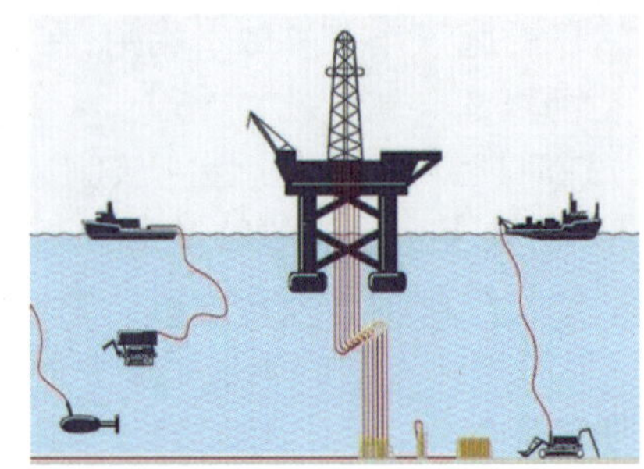

图3.4-1 铺设海底电缆施工程序示意图

2)监管要点

(1)工程在施工期间占用一定的水域,束窄了可航水域,尤其是工程需要穿越航道时,将对过往船舶的通航安全产生临时性影响,需要提前公告、实施临时交通管制等措施。

(2)船舶进出水下施工水域时,原则上禁止抛锚,但是应急情况下可能需要抛锚或拖锚行驶。所以,在建设过程和投入使用后,要充分保证水下电缆的埋设深度,以免船舶应急用锚对其造成的破坏。

(3)施工作业过程一般涉及电缆和设备运输、吊装、安装、敷设,管理要点与高桩码头类似。

3.4.2 管道

管道系指输水、输气、输油及输送其他物质的管状输送设施。

1)施工方法

管道施工目前有埋设和定向钻挖两种方法。管道埋设的方法有预挖沟埋设和后挖沟埋设两种,对通航环境和通航安全影响相对较大。

预挖沟埋设法是在管道预定埋设位置,在水下使用有关的机具设备,在管道铺设之前把管道的海底沟槽按照规定要求挖好,随后才铺设管道并回填埋设的方法,是目前在浅水地段经常采用的一种方法(如图3.4-2所示)。管道在沟槽内牵引比较安全可靠,同时管道敷设回填等作业均可沿着预先开挖成的沟槽来进行,但往往由于开挖土方量比较大,而且事后又要回填埋设,在工程进度和造价方面都是很可观的。

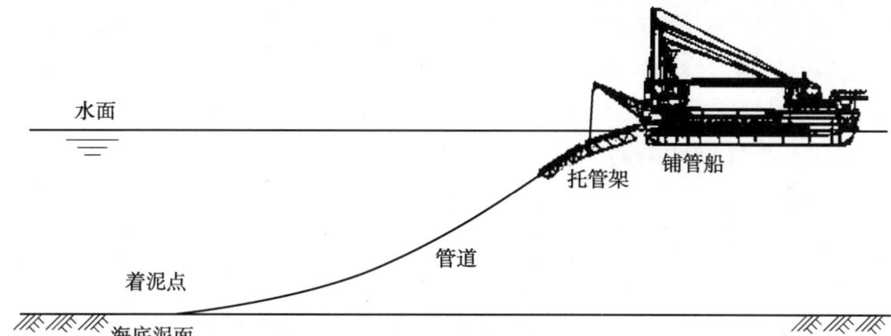

图 3.4-2　铺设海底管道施工程序示意图

后挖沟埋设法是在管子铺设以后或铺设的同时,将管道埋置在海底面以下要求的深度,因此,通常被称为后挖沟法。这种方法根据挖沟的形成方式可分为水力(喷射)式、机械式和犁式三种。后挖沟方式一般是采用冲射式挖沟机骑在管道上,边冲射开沟,管道边下沉的方法。喷射式挖沟机装载在不自带动力的挖沟船上,主要依靠由停泊绞盘和锚组成的系统来控制它的移动,也需要一个或多个拖船操作锚。管道铺设在海床上后,用吊机将挖沟机吊装就位,骑在管道上,利用高压水流冲刷的方式,冲刷管道两侧的土壤,使管道下沉。

2)监管要点

(1)工程在施工期间占用一定的水域,束窄了可航水域,尤其是工程需要穿越航道时,将对过往船舶的通航安全产生临时性影响,需要提前公告、实施临时交通管制等措施。

(2)船舶进出施工水域时,原则上是禁止抛锚,但是特殊情况下可能需要抛锚或拖锚行驶,所以在建设过程和投入使用后,船舶交通管理工作要充分考虑水下管道、隧道的埋设深度,以免对其造成破坏或者对过往船舶航行带来不良影响。

(3)施工作业过程一般涉及设备运输、吊装、安装、敷设,管理要点与前面高桩码头类似。

3.5　孤立类水工建筑物建设工程

孤立类水工建筑物工程具有相对独立性的特点,通常与近岸设施有较远的距离。根据《中华人民共和国海事局水上水下活动通航安全影响论证与评估管理办法》,孤立类水工建筑物包括海上平台、系船浮筒、浮趸、缆桩、单(多)点系泊装置、养殖网架、人工岛、鱼礁、导管架、水上水下测试装置、海上风电工程等。

这类设施因不与其他设施相连，为提醒过往船舶注意，常在设施顶端或较高处设立警示标志，划定警戒区，并在警戒区周围配布航标。

使用周期较长的孤立类水工建筑物的基础结构通常有较高的要求，需较强等级的结构设备，并有严格的防腐措施。

3.5.1 海上风电场

风电工程通常在近海风能资源丰富的区域进行建设。在风电工程正式建设前，通常先在风电场水域内建立测风塔，用来测量风电场区域的风能的各项参数，为下一步风电工程的建设提供科学依据。

1）施工方法

风电场主要包含风机、海上升压站、集控中心及海底电缆等。通常在风电场水域布置多台风机（如图3.5-1所示），风机将风能转化为电能。海上升压站通过海底电缆将电能送至陆上的集控中心。测风塔的施工顺序一般为：测量定位——→基础开挖——→基坑抽水——→预制板就位——→钢结构安装——→质量检查——→修补油漆——→土方回填——→辅助作业（灯标配布、防撞设施配置）等。

图3.5-1 海上风电场

2）监管要点

（1）风电工程通常要占据较大面积的海域，船舶不能在其水域范围内航行。前期介入时，应充分考虑风电场设置对通航安全的影响，除了船舶航行本身的影响，还要考虑风电场磁场对与船舶VHF、雷达等电子设备可能造成的影响。

（2）施工船在风电场水域施工时，由于风电场周围有警示标志，过往船舶会远离施工水域，对航行船舶影响有限。

（3）由于许多风电场处于离岸较远的水域，施工船从基地出发至风电场途中，可能会航经一些习惯航线，会对正常的航行秩序产生一定的干扰，需要合理制定施工船航路。

(4)测风塔和风机等大件运输时,运输船自身尺度较大,需要航行在深水区,而深水区附近很可能存在习惯航线。为保证安全,运输船通常航速较低,回避性能较差,加上自身尺度的因素,不宜临时变更运输航线。这样可能会与通航船舶形成不利局面,必要时需要主管部门进行交通管制。

(5)在施工和运营过程中,警示标志的合理设置十分重要。

(6)测风塔在使用完毕后,应督促予以拆除清除,以满足通航安全和海洋环境保护要求。

3.5.2　海上平台

海上平台是高出海面且具有水平台面的一种桁架构筑物,供进行生产作业或其他活动使用。海上平台在整个使用寿命期内位置固定不变,其形式有桩式、绷绳式、重力式和导管架式等(如图3.5-2所示)。

a)桩式

b)绷绳式

c)重力式

d)导管架式

图3.5-2　各类海上平台

1)施工方法

桩式平台由承台和桩基构成。桩基有木桩、钢桩和钢筋混凝土桩等3种,构筑时将它打入海底,其上安装承台。

绷绳式平台又称系索塔平台,是将一个预制的钢塔安放在海底基础块之上,用钢索沿不同方向锚定拉紧而成。

重力式平台一般从陆地拖带至作业地点,靠平台自身的重量稳坐在海底坚实土层之上,其抵御风暴及波浪袭击的能力强。

2)监管要点

(1)平台本身结构比较复杂,居住场所布置密集,人员较多,电器设备也配备较多,发生火灾事故的概率较大且施救困难同时易造成重大人员伤亡,因此在施工过程和运营过程的监管中应引起注意。

(2)需要特别指出的是,按照规定,固定式平台的监管,海事管理机构负责防污染部分,平台长期立于海中,会产生较大量的污油水和垃圾,应作为监管重点,防止造成海洋污染。

(3)根据《1972年国际海上避碰规则》,参考航海习惯,海上平台距离附近习惯航路的距离一般应大于2 n mile,若海上平台距离附近习惯航路距离太近,会对附近习惯航路航行船舶的安全产生较大影响,需要对附近船舶的习惯航路进行适当调整。同时,应注意及时发布平台作业信息,以便过往船舶知悉并采取适当的避让措施。

(4)海上石油平台营运期间,一般会有油船、工作船等船舶进出油田区,对附近习惯航路船舶的航行安全和附近平台的正常营运会产生一定的影响,应引起海事主管机关的注意。

(5)海上平台在拖带过程中,由于操作受限及占用海域面积较大,在船舶交通管理工作中应予以足够重视。

3.5.3 人工岛

人工岛是人工建造而非自然形成的岛屿,一般在小岛和暗礁基础上建造,是填海造田的一种(如图3.5-3所示)。人工岛的大小不一,由扩大现存的小岛、建筑物或暗礁,或合并数个自然小岛建造而成;有时是独立填海而成的小岛,用来支撑建筑物或构造体的单一柱状物,从而支撑其整体。

1)施工方法

岛身填筑,一般有先抛填后护岸和先围海后填筑两种施工方法。先抛填后护岸适用于掩蔽较好的海域,用驳船运送土石料在海上直接抛填,最后修建护岸设施。先围海后填筑适用于风浪较大的海域。先将人工岛所需水域用堤坝圈围起来，留必要的缺口，以便驳船运送土石料。

图 3.5-3　曹妃甸 1 号人工岛

进行抛填或用挖泥船进行水力吹填。护岸的结构形式常采用斜坡式和直墙式。斜坡式护岸采用人工砂坡，并用块石、混凝土块或人工异形块体护坡。直墙式护岸采用钢板桩或钢筋混凝土板桩墙、钢板桩格形结构或沉箱、沉井等。

2）监管要点

（1）人工岛建设期间需要划定施工水域范围，可能会占用可航水域；人工岛一般采用海底隧道或海上栈桥连接陆地，隧道或栈桥可能会穿越原有船舶航线，这都对过往船舶形成不同程度的干扰。

（2）人工岛在岛身填筑过程中，需要驳船等施工船频繁前往所在地运送土石料，驳船自身无动力，需要运输船拖带，船队整体操纵性能受限，这不仅增大所经水域的船舶流量，还增大与过往船舶的碰撞风险。

（3）人工岛在原有的水域建设陆地，极大地改变了原有环境面貌。其碍航性与建设规模及形式有关，建设规模越大，建设形式越复杂，则碍航性越明显。人工岛建设期间与建成后均需发布航行通告。

3.5.4　鱼礁及养殖网架

1）鱼礁及养殖网架的特点

鱼礁是礁的一种，它主要形成在海洋、湖泊等地方，它也是鱼类栖息地之一，对维持海洋生态平衡有重要的作用，所以人类应该给予保护。如图 3.5-4 所示，人工鱼礁是人为在海中设置的构造物，其目的是改善海域生态环境，营造海洋生物栖息的良好环境,为鱼类等提供繁殖、生长、索饵和庇敌的场所,达到保护、增殖和提高渔获量的目的。养殖网架也是出于此目的。

图 3.5-4 投放人工鱼礁

2)鱼礁及养殖网架的碍航性

(1)鱼礁及养殖网架自身的碍航性。目前建设人工鱼礁的材料种类繁多,从汽车到轮船,从水泥到玻璃钢等。鱼礁及养殖网架多设在近岸水域,如设置不当,可能会成为碍航物,干扰正常的通航秩序。

(2)鱼礁及养殖网架施工期的碍航性。鱼礁及养殖网架在施工期的碍航性与其设置的材料与形式相关。所用材料尺度较小,设置形式简单,施工时间短,则碍航性相对较小;若所用材料尺度较大,如废弃的轮船,设置形式复杂,或者人工鱼礁进行浇筑,需要施工船及拖船协助施工,施工时间较长,增大水域内船舶密度,碍航性则十分明显。

3.5.5 设置系船浮筒、浮趸、缆桩等

系船浮筒(如图 3.5-5 所示)、浮趸、缆桩等与固定式码头不同,属于浮式码头。一般为供海上油轮系泊和进行装卸作业的设施。

1)施工方法

此类设施一般包括浮筒、锚链、浮式软管和海底管道等。浮筒为一钢制扁圆形筒,内部分舱格,用锚链系于海底。浮筒顶部设转盘、灯标等构件,使船舶能随风浪、海流作用而绕浮筒自由旋转。浮筒周围需装置防冲设备。浮筒用水下软管与通至岸上储油库的海底管道相连,水下软管的另一端则穿过浮筒底部中心的通道

与旋转接头相连，直通浮筒顶部的输油臂。

a)

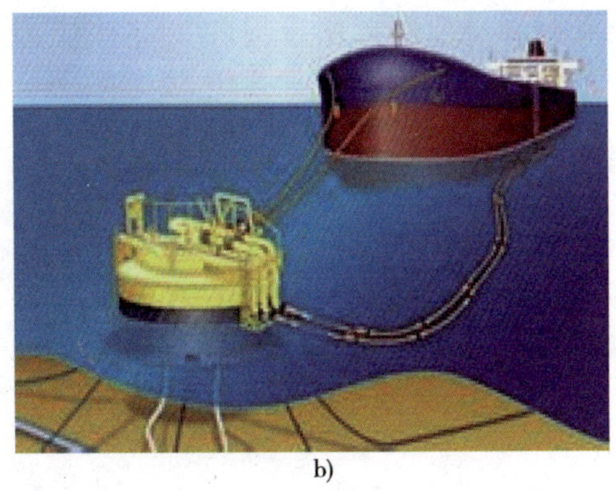
b)

图3.5-5 系船浮筒

2）监管要点

工程在施工期间占用一定的水域，将对过往船舶的通航安全产生临时性影响，需要提前公告、实施临时交通管制等措施。

3.6 整治建筑物建设工程

整治建筑物是为抵御不利条件对通航安全的影响，维护航行条件的稳定性而设置的建筑物，自身的功能即体现其特性。整治建筑物包括水下丁坝、潜坝、护滩带、护岸、防波堤等，本书主要介绍防波堤和护岸，其他类型可参照进行。

3.6.1 防波堤

1）概念

防波堤是沿海港口工程的重要组成部门，主要是用来防御波浪的侵袭，维护港区水域的平稳，以保证船舶在港内安全地停泊和进行装卸作业。此外，防波堤还可用来拦阻泥沙减轻港内淤积和防止流冰大量涌入港内。防波堤也起到港口防淤的作用。起防淤作用的防波堤，堤顶高程可以低一些，在平均水位时可不露出水面，这种堤称为防沙潜堤。图3.6-1所示为某港进港航道两侧的防波堤。

2）防波堤分类

按平面位置分：突堤和岛堤。突堤的一端与岸连接，另一端为堤头，伸向海中，组成港的口门；岛堤的两端均不与岸相连，位于离岸有一定距离的水域中，没有堤根，有两个堤头。由于突堤的一端与岸相连，可在堤上铺设交通线路与管线，给货物运输创造了条件，故在突堤内侧部分常兼作码头。我国山东沿海有许多小型港口把码头与突堤合并在一起建筑。由于码头有装卸作业要求,及需要布置交通线路和仓库、堆场等,所以堤的顶部往往很宽。这种兼作码头用的宽突堤,通常比码头与突堤分开建造节省投资,如图 3.6-2 所示。

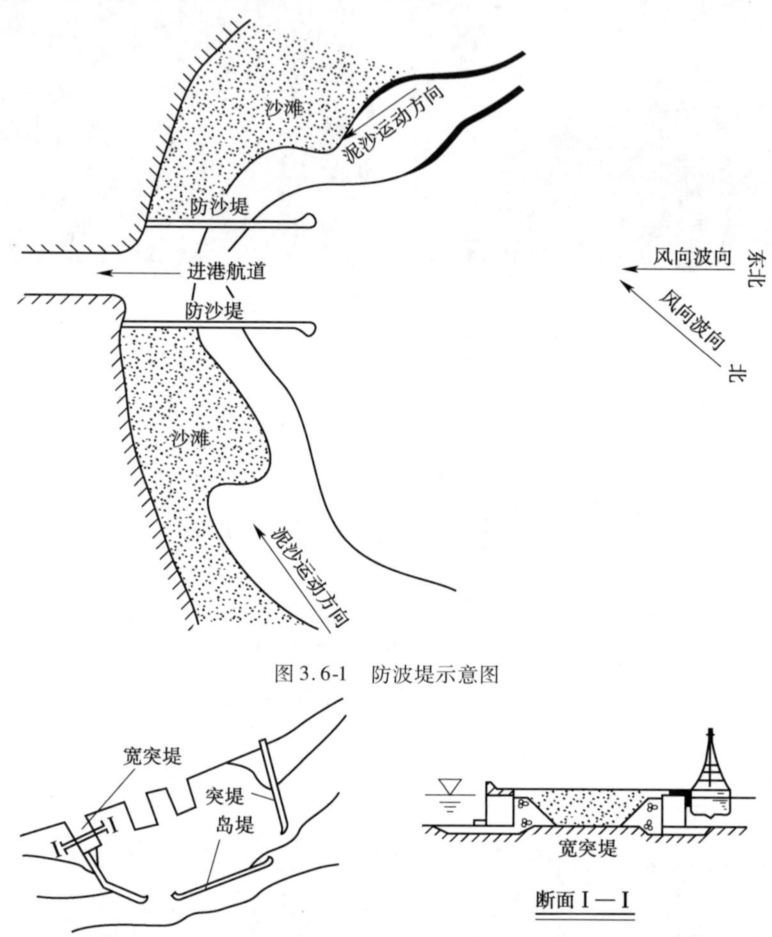

图 3.6-1 防波堤示意图

图 3.6-2 防波堤-宽突堤

按结构特点分:斜坡式、直立式和混合式。此外还有一些不常用的特种形式的防波堤:透空式、浮式、喷气式和喷水式,如图 3.6-3 所示。

斜坡式防波堤是一种古老而简单的形式,在港口工程中得到了广泛应用,它主要由块石等散体材料推筑而成,并用抗浪能力强的护面层加以保护,波浪在斜坡面上发生破碎,从而消散能量,提前的反射波较小。

直立式防波堤具有直立或接近直立的墙面,由于墙前水深的不同情况,入射波在墙面上完全反射或部分反射混合式防波堤一般适用于水深大地基承载能力有限的情况。当水深很大时，采用斜坡堤不经济，而采用重力式直立堤，对于非岩基，地基承载力又可能不够，此时只有采用混合式堤，它既可减少基床顶面应力又可减小地基应力由于波浪的能量大部分集中在水体的表层，建筑物只需挡住从水面到某一深度的波浪，就能达到减少波浪的目的，国内外曾经试用过透空式防波堤、浮式防波堤、喷气式防波堤和喷水式防波堤等。

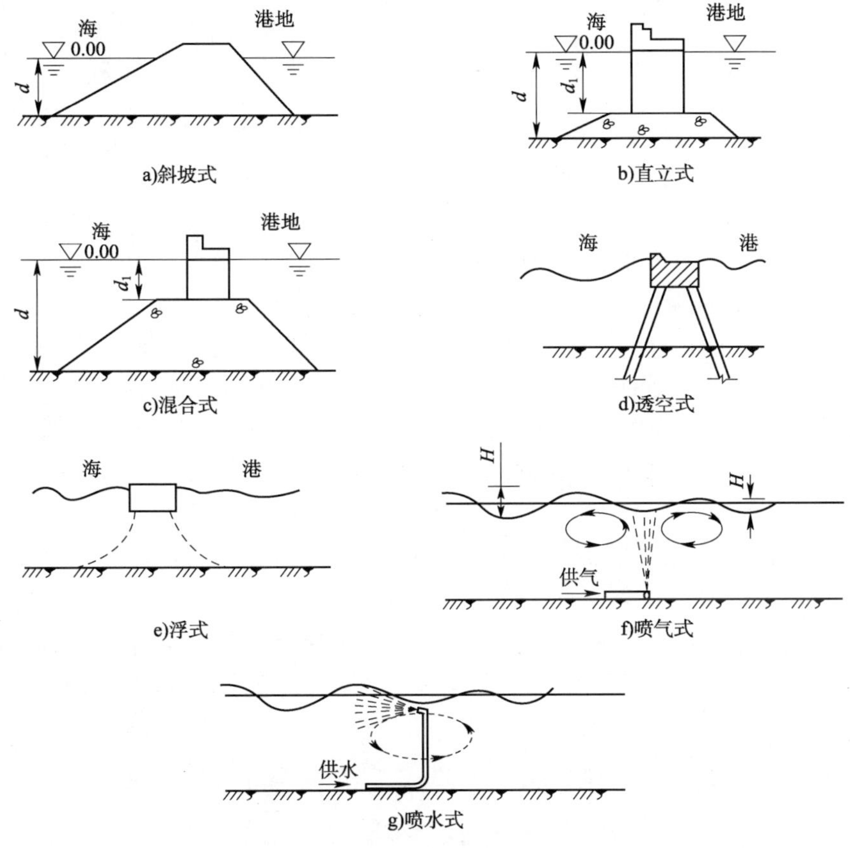

图 3.6-3　防波堤按结构特点分类图

3）施工方法

防波堤施工作业考虑其结构特点主要有斜坡式和直立式施工技术。直立式防波堤的施工除无墙后回填以外，同重力式码头施工技术。这里着重阐述斜坡式防波堤施工，其施工主要包括垫层施工、堤身施工、护面块体施工和胸墙施工。

通常施工流程为：施工定位──→沉桩──→灌砂──→拔桩──→检测记录──→移位。

4)监管要点

(1)防波堤的施工作业很可能占用通航水域,会对交通流产生影响,在实际的施工秩序管理、相关方协调、船舶交通管理方面应引起注意。

(2)该项工程涉及大量的石料和扭王字块的抛填作业。

(3)防波堤在基础施工时,堤身和胸墙施工等施工环节会产生大量的施工残留物,若不清除则会成为碍航物。海事管理机构应及时督促施工单位清除碍航物,保证通航安全。

3.6.2 护岸

在海岸、河岸和湖泊水库岸边,为了保护岸上设备、建筑物、农田等,往往需要修建防护工程。直接护岸工程一般用于长期处于动力平衡的海岸,港内护岸就属于此种情况;间接护岸一般用于沿岸输沙量较大海岸以及长期侵蚀的情况。

直接护岸工程一般有护坡和海墙两类。护坡是用各种护面保护天然岸坡,其坡度较缓,接近或稍陡于天然岸坡的坡度。海墙是一种重力式墙,当地基较软承载力不足时,在墙下面做桩基。港内护岸,为了兼作系靠船用,也有采用直立式护岸的,结构与码头类似。间接护岸工程一般有丁坝、离岸堤和潜堤,修建丁坝、离岸堤和潜堤的目的是促使海滩、河滩淤积从而保护海岸。它们不仅用于侵蚀性海岸,在我国还被广泛地用于淤积性围堤吹填造地。

1)施工方法

护岸包括护脚和护坡,护岸施工顺序:护脚──→削坡──→反滤层──→护坡。

2)监管要点

护岸施工期需设置施工作业区,可能会占用部分通航水域,缩窄航道有效宽度。在修建护脚和护坡填筑时需要注入大量土石。这些工程都会对通航船舶产生一定的干扰。

3.7 取(排)水口、滑道、填海造地等设施和构筑物建设工程

根据《中华人民共和国海事局水上水下活动通航安全影响论证与评估管理办法》,设施和构筑物建设工程包括取(排)水口、滑道、下河坡道、填海填河造地等。

3.7.1 取(排)水口

取(排)水口指河床式取水构筑物的进(排)水部分。

1)取(排)水口工程自身的碍航性

(1)取(排)水口工程会改变水域地质,产生的污染,包括生活污水、油污等对生态环境将有一定的破坏。施工船舶排放的废气将对空气造成一定污染,施工船舶发生的事故性溢油将损害海域自然环境。

(2)取(排)水口通常由岸边向外延伸,建成后附近水域流态会发生变化,能见度不良时,过往船舶有时不易察觉这种潜在危险,发生安全事故的可能性增大。因此,船舶需要与取(排)水口以及配套的管道设施保持足够的距离。

2)取(排)水口的施工作业

取(排)水口工程施工过程主要包括沉井、管道布置与连接。

(1)沉井施工方法:①取水沉井常采用吊装施工,为保让质量和制作方便,在岸边预制场预制后通过船只运至取水点吊装下沉;②沉井下沉完成后,将井内清淤,向井内抛填碎石砂,再进行封底;③下沉速度的控制:根据土质情况,采用水上抓泥机挖土方式;采用从中间开始向四周逐渐开挖,并始终均衡对称地进行;当上垅挡不住刃脚的挤压而破裂时,沉井便在自重作用下破土下沉,削土时应沿刃脚方向全面、均匀、对称地进行,使其均匀平衡下沉;④下沉纠偏:沉井下沉过程中,有时会出现倾斜、位移及扭转等情况,应加强观测,及时发现并采取措施纠正;操作中可针对原因予以预防,如沉井已经倾斜,可能是刃脚遇到大块石,这时就应停下,待查明原因,处理掉大块石后可使偏斜得到纠正;待其正位后,再均匀分层取土下沉;⑤下沉到位、封底技术:当沉井沉到设计标高,经2～3天,下沉已稳定,即可进行沉井封底。

(2)管道施工方法:①管沟的开挖:管沟的开挖必须严格按照设计图纸或工程监理指导的开挖路线及开挖深度进行施工,而且在没有征得相关部门同意的情况下不得擅自进行改动;②钢管的要求:钢管需强度高,管长连接周期短,衬要求里外防腐,必要时需作阴极保护,施工过程中组合焊接,在地下水位较高时,可采用胶圈柔性接口措施克服这一困难。

(3)钢管连接:①管道淤泥开挖完成,管沟填砂垫层,潜水员进行海底探摸,达到设计要求和满足安装条件;②钢管在海岸边连接、防护检验合格后,两侧采用盲板封堵,利用浮力和大型船就位、定位盲板拆除下沉安装;③沉水井头管道连接:井位管头做临时盲板封堵,管道安装完毕后拆除封堵盲板恢复管道畅通;管道软接头连接由潜水员固定安装;④泵房管道连接:泵房在管道安装完毕后拆除盲板使管道畅通,在靠近泵房部分围堰挡水,管道水用抽水机抽干水后进行管道焊接安装。

3)取(排)水口工程施工期的碍航性

(1)取水沉井属于重大件,在工地制成后,通过水路运输至取水口工程所在地。重大件货物海上运输具有专业性强、技术要求高、风险大的特点,涉及桥吊本身海运强度、运输船舶的稳性和强度以及运输管理如装卸、系固等方面的技术，需要专业的运输船舶，其运输要求较高，若经过习惯航线，对航行船舶有一定的妨碍。

(2)取水口工程施工期间，进出施工水域的施工船舶、运输船舶众多，客观上增加了过往船舶的航行与避让难度。

(3)在工程施工期间，如果施工船舶以及施工水域标示不明确，可能造成过往船舶误闯施工区，引起碰撞事故。

3.7.2 滑道

1)滑道特点

滑道是修船厂和造船厂中连接船台和水域供船舶上船台和下水用的斜坡道。滑道分纵向滑道和横向滑道两类。早期修造小船是利用天然岸坡作为滑道，这种滑道现在仍有应用。随着船舶尺度的增大，滑道逐步发展成为大型的水工建筑物，并有专业辅助设备上下船台。

2)滑道施工作业

滑道的施工作业总体类似于船台，在此不做叙述。

3)滑道的碍航性

(1)滑道自身的碍航性。滑道自身的碍航性与船台类似，通常由岸边向水面延伸，有时延伸部分较长，甚至占用航道，无形中缩窄了可航水域，使通航环境恶化。

(2)滑道施工期的碍航性。滑道施工期的碍航性与船台类似，滑道在施工期需设置施工作业区，占用水域的范围更大，并且需要施工船协助施工时，增大水域内的船舶密度，使通航环境恶化。

3.7.3 填海填河造地

填海填河造地是指把原有的海域、湖区或河岸转变为陆地。对于山多平地少的沿海国家或城市，填海填河造地是发展制造平地的有效方法。

1)施工方法

填海填河造地的施工需要采用疏浚、爆破、吹填等，其中吹填为主要施工方式。如图 3.7-1 所示。

2)监管要点

(1)填海填河造地极大地改变了原有环境面貌，建设期间与建成后均需发布航行通告。

(2)填海填河造地自身及施工期的监管有类似于人工岛的地方，可参考上节相关内容。

(3)填海造地需要使用绞吸式挖泥船数量较多,该类船舶的监管将在后续章节详细介绍。

图3.7-1　吹沙造地

3.8　航道、锚地及安全作业区等建设工程

此类区域是为实现专有功能而划定的,根据水域使用的功能,其作业特性也不同。其中,航道的施工作业在此类工程施工作业中具有一定的代表性,其他工程大多是在这种施工作业基础上的扩展。

3.8.1　航道

航道是指在内河、湖泊、港湾等水域内供船舶安全航行的通道,由可通航水域、助航设施和水域条件组成。按形成原因分天然航道和人工航道,按使用性质分专用航道和公用航道,按管理归属分国家航道和地方航道。

1)施工方法

航道的施工主要体现在疏浚,这里的疏浚是广义上的疏浚工程,包括各种浚深和拓宽河床的方式,如挖泥、爆破、抓石及切除河岸凸嘴等。

2)监管要点

(1)航道建设工程的碍航性主要体现在航道施工期间,会影响原有的通航秩序。

(2)航道疏浚需要抛泥船将挖出的泥沙送至指定的抛泥地点,抛泥船会在挖泥地点与抛泥区之间频繁往来,可能会穿越航道或习惯航线,对通航船舶构成一定程度的影响,并可能存在碰撞风险。

(3)在航道疏浚工程中,常需用爆破的手段炸除碍航礁石。这种作业危险性高,影响水域范围较大,需要主管机关划定爆破作业区,并发布航行警告,提醒过往船舶远离爆破作业区。

3.8.2　锚地、停泊区

锚地是指海事部门划定并公布的专供船舶锚泊的水域。停泊区是由海事部门划定并公布的供船舶非锚泊、靠泊而采用其他方式停泊的专门水域，如系浮筒、无人驳基地停泊等。

1）锚地的特点

根据锚地的使用功能划分为海船检疫/待泊锚地、危险品船舶锚地和公用锚地三种类型。锚地对水深有一定的要求，锚地水深视底质、风浪情况取设计停泊最大船型船舶满载吃水的1.2～1.5倍。其次，锚地对地质要求也较高，所选区域的底质需满足船舶锚泊时不易走锚。除此之外，锚地在施工期或使用期均需要配置警示标志以明确锚地范围。

2）锚泊方式

利用锚或浮筒停船是船舶在锚地安全停泊的方式。船舶在锚地停泊的方式有两种，即浮筒系泊和抛锚停泊。浮筒系泊又有单浮筒系泊和双浮筒系泊两种。抛锚停泊也有单锚停泊和双锚停泊等。船舶在锚地采用何种方式停泊取决于锚地设备条件、底质、风和水流的方向而定。

单浮筒系泊：停泊方式的一种。从船首用缆直接系在一个浮筒上，是常用的系泊方式。这种方式系泊方便，船舶能随水流和风向改变方向，阻力小；所需水域面积较抛锚停泊小。

双浮筒系泊：停泊方式的一种。首尾分别用缆绳系于浮筒上，此种方式适用于水域较窄的地方，河道中用得较多。

单锚停泊：锚地停泊方式的一种。锚地不设浮筒，船舶只抛一个首锚进行停泊。在水域宽阔，水底土质适宜抛锚的条件下使用。这种停泊方式船舶可以减少随风向或水流改变方向，以减少受风面积。

双锚停泊：锚地停泊方式的一种。双锚停泊有两种情况：一为抛出两个首锚，一为首尾各抛出一个锚。第一种情况又分为抛八字锚和一字锚两种。八字锚是从船首成八字形抛出两个锚，多用于风浪大的港口；一字锚是从船首顺水流方向抛出两个锚，一个在上游，一个在下游，船舶处于两锚位的中心位置，多用在有潮汐影响的河段。内河水域中，为解决驳船无人或少人值班问题，还可用基地解决停泊问题。

3）锚地的碍航性

（1）锚地对附近习惯航路的影响。锚地边缘离航道边线距离的远近将会直接影响到进出锚地的船舶与航道中航行船舶的安全。综合考虑船舶航行和操纵的一般要求和经验，锚地边缘离航道（或习惯航线）边线距离一般按以下控制要求：①对于航道未明确标示或说明的船舶交通流，锚地至航迹带边缘的距离取1n mile；②如果没有或不能取得交通流调查数据，锚地至推荐航线或习惯航路的距离应达2 n mile以上；③对于水域较为受限的水道，锚地至明确标示航道的船舶交通流的航迹带的边缘应以船舶操纵中关键因素——船舶旋回直径来确定，取为5倍船长。

（2）锚地容量不足的影响。锚地容量是指锚地内可同时容纳的最大锚泊船舶数量。锚地容量的大小主要取决于锚地面积、单船锚泊所需的水域面积、锚地内船型分布和锚泊船的位置分布等。当锚地容量无法满足船舶锚泊实际要求时，会出现船舶无处抛锚，甚至出现实际锚地范围与公布锚地范围不一致的现象。

（3）船舶走锚的影响。如因风大流急及其偏荡现象、锚链绞缠、出链太短、底质较差等原因导致船舶走锚，且未及早发现走锚并采用有效措施，则会酿成碰撞他船、搁浅、触礁等严重事故发生。

4）锚地的施工作业及施工期碍航性

锚地的施工方式及施工期碍航性与航道类似，同样需要经常扫测水深，疏浚维护，可参考航道的施工方式及施工期碍航性。

3.8.3 安全作业区

水上安全作业区是指为保障船舶作业和其他正常航行船舶的通航安全，由海事部门划定并公布的供水上作业船舶作业的特定水域。如扫海、疏浚、爆破、打桩、拔桩、起重、钻探等作业的水域。

水上安全作业区施工方式和碍航性与航道类似。

3.8.4 游艇专用活动水域

游艇的航行线路由具体的游览项目决定，具有特殊性，为满足个别客人的特殊要求，其航行线路可能存在一定的随机性，则在一定程度上改变了原有交通流特征，使交通流方向、交通流量都容易发生改变。由于游览的需要，游艇在某些区域、景点附近可能会暂时停留、漂航，则在一定程度上会造成交通堵塞，从而影响到正常的交通流。水域需要配置临时警戒标志。

3.9 举行大型水上群众性活动、体育比赛

1）活动特点

如图3.9-1所示，在我国的传统节日如端午节，南方群众有举行龙舟比赛的习

俗，一些地方在通航水域上频繁举行大规模的渡江节、帆船比赛、水上燃放焰火、冲锋舟演习等活动，特别是青岛奥帆赛、上海世博会、广州亚运会等大型水上活动和体育赛事频繁举办，活动规模与社会影响较大，参与人数众多，占用通航水域面积大，影响其他船舶的正常航行，水上水下活动与通航安全之间矛盾越来越突出。因此，“5 号令”将水上大型群众性活动、体育比赛纳入其适用范围。

a) b) c) d)

图 3.9-1 各类水上活动

2）监管要点

（1）由于大型群众性活动、体育比赛等是群众性的具有广泛性和复杂性的社会活动，具体表现在活动的内容丰富，参加活动的人员多、密度大、成分复杂，活动的规模大、范围广、场所复杂，因此在大型群众性活动中存在许多不利于通航安全的因素，并可能导致重大事故的发生。

（2）存在的不安全因素主要有：超负荷用电引起的火灾；恐怖分子及其他不法分子的蓄意破坏；活动水域意外事件造成的人员伤亡；消防设施不符合法定的要求；以及无法实施水上救援等。因此，通航安全监管难度较大，需要监管人员做好各项防护准备，主办方配布各种合理的消防设备、隔离设施以及安排充裕的安保人员等。

3.10 打捞沉船、沉物及水上采、吹砂作业

3.10.1 打捞沉船、沉物

打捞是指打捞单位对沉船沉物实施的各种处置措施,包括扫测、探摸、起浮、移位、解体、清除等及其他相关作业。如图3.10-1所示。沉船沉物是指沉没于沿海水域或内河通航水域的船舶、设施及其设备、所载货物以及其他落水物体。

1)施工方法

打捞沉船、沉物需要先明确水下沉物的情形,制定合理的打捞计划,采用专用的打捞船及高强度揽缆设备进行作业。期间可能需要潜水员进行辅助作业,需提供充足的潜水装备。

图3.10-1 打捞沉船

2)监管要点

(1)打捞沉船、沉物作业经常位于通航水域,会对通航秩序产生一定干扰,影响程度视水域通航船舶密集程度和打捞难度而定,越是船舶密集的水域,打捞时间越长、范围越广,影响就越大。

(2)需要具有相应资质的部门或法人在一定时期内在划定的水域范围内进行作业,需要设置临时警戒区,配置警示标志提醒过往船舶,必要时及时向海事主管机关申请发布航行通(警)告。作业结束后需通过审查。

3.10.2 水上采、吹砂作业

以海砂开采作业为例。海砂开采作业方式多采用射流式吸砂船。由于风、流的影响,采砂船在采砂作业过程中会有一定的漂移。采砂船的漂移范围一般为以船舶重心为圆点,以船长为半径的圆。运砂船装满砂后,需要排出砂中蓄留的海水;运砂船需要在附近水域内等待进入采砂区域,需要预先设置临时待泊区。

采砂作业将改变该水域原有的水下地貌,从而改变该水域内的水深和水流的流态,并可能在局部地区产生紊流。采砂需要临时划定作业区域,其作业往往会对周围的通航秩序带来影响,需要设置相应的警示标志。另外,采砂作业中运砂船频繁往来于采砂区与卸砂区,如穿越航道或习惯航线,会对航行船舶形成通航安全影

响,并影响到航道内的通过能力。

3.11 其他有碍航行安全的涉水活动

3.11.1 勘探作业

勘探即是通过各种手段、方法对地质进行勘查、探测,确定合适的持力层,根据持力层的地基承载力,确定基础类型,计算基础参数的调查研究活动。其中物理勘探简称"物探",是以各种岩石和矿石的密度、磁性、电性、弹性、放射性等物理性质的差异为研究基础,用不同的物理方法和物探仪器,探测天然的或人工的地球物理场的变化,通过分析、研究获得的物探资料,推断、解释地质构造和矿产分布情况。目前主要的物探方法有重力勘探、磁法勘探、电法勘探、地震勘探、放射性勘探等。

勘探作业船舶一般活动范围较大,对通航安全会产生一定影响,需要提醒过往船舶注意避让。如图 3.11-1 所示。

3.11.2 爆破作业

在航道疏浚、水下清障等作业中,常常需用爆破的手段炸除碍航礁石。水下钻孔爆破有两种施工方法:一是利用潜水钻机直接潜入水下钻孔;二是将钻机安装在船台上钻孔。我国通常采用第二种方法施工。

爆破作业存在一定的危险性,应提前取得相关部门的许可。爆破前应及时发布航行警告,确保作业水域无其他船舶。如图 3.11-2 所示。

图 3.11-1 三维地震探测

图 3.11-2 爆破作业

第 4 章　施工船舶的监管要点

4.1　施工船舶种类

施工船舶按照动力形式分为自航式和非自航式，自航式施工船舶主要包括拖轮、耙吸式挖泥船、自航式起重船、起锚艇等，非自航式的包括绞吸式挖泥船、搅拌船、打桩船等。

按照功能主要分为航道及港口服务船，救助、打捞、潜水工作船，水域施工船和平台，其他类型和浮体等。

4.2　各主要类型施工船舶特点

4.2.1　耙吸式挖泥船

耙吸式挖泥船是水力式挖泥船中自航、自载式挖泥船，除了具备通常航行船舶的机具设备和各种设施外，还有一整套用于耙吸挖泥的疏浚机具和装载泥浆的泥舱，以及舱底排放泥浆的设备等。如图 4. 2-1 所示。其在挖泥作业中最大的特点是各道工序都由挖泥船本身单独完成，不需要其他船舶辅助。船舶有良好的航海性能，调遣方便，施工中对通航水域中的其他船舶影响很少。

4.2.2　绞吸式挖泥船

绞吸式挖泥船是水力式挖泥船中较普遍的一种，应用最为广泛。如图 4. 2-2 所示。施工中用铰刀铰动水底泥沙，利用真空和离心作用，吸进泥浆，通过排泥管输送到卸泥区。此类船舶在施工时需要起锚艇辅助。

绞吸式挖泥船适应的施工范围较广，适用于港口、航道的疏浚工程，特别是吹填造陆工程。

a)耙吸式挖泥船

b)挖泥设备

图 4.2-1 耙吸式挖泥船

4.2.3 抓斗式挖泥船

抓斗式挖泥船属于机械式挖泥船，通过吊机，使用抓斗作为水下挖泥设备。如图 4.2-3 所示。施工中，将挖掘的泥沙通过泥驳船运至抛泥区。

图 4.2-2 绞吸式挖泥船

图 4.2-3 抓斗式挖泥船

抓斗式挖泥船使用较为广泛，可挖掘各种土质，还可以抓取水下石块及部分障碍物，如木桩、水泥桩等。

4.2.4 起重船

起重船，又称为浮吊船。用于水上起重、吊装作业、一般为非自航，也有自航的。起重船上装有吊机。

起重船一般分成两大类，一类是起重臂能够 360°回转的，另一类是吊臂固定在船上的一个方向，整个船靠拖轮拖带转向，或是靠船向各个方向抛锚，通过牵拉不同方向的锚链，而实施重物回转的。如图 4.2-4 所示。前者的结构和机械构造非常复杂，而且起重能力也比较小。

a)起重臂能自由回转

b)吊臂固定

图4.2-4　起重船

与一般的货船上层建筑位于尾部不同，起重船的上层建筑一般在船的首部，甲板两边配管路通道（一般货船配备舷墙），部分大型起重船设有直升机平台，一般无自航能力，需要拖轮进行拖拽航行。

4.3　主要施工船舶的监管要点

根据施工船舶特点和施工作业的要求，本章节主要从动力形式分类介绍自航施工船舶和非自航施工船舶监管中应突出注意的事项，其他管理要点将在后续章节进行详细讲解。自航式船舶监管由于国内外均已有丰富的参考资料，在此仅就施工作业时注意事项做引导性讲解。

4.3.1　自航式施工船舶监管要点

自航船是指自身有航行动力系统的，不需要借助外力推动的船舶。根据经验，与商业运输船舶相比，参与施工的自航式施工船舶需在以下方面引起注意：

（1）此类船舶因航行区域、航线较为固定，易在船舶配员上出现问题。

（2）此类船舶特别是警戒船除承担施工任务外，在出现险情、事故时，由于其他船舶不具备动力，往往需要在第一时间承担施工水域的救助任务，因此应对船舶应急能力提出较高要求。

（3）需要合理安排施工船舶动态，避免其对进出港口的商船的影响。

4.3.2　非自航船舶监管要点

非自航船指本身没有动力推动的船舶，监管中需注意：

由于本身没有动力，抵抗恶劣天气、紧急撤离等能力较差，在水上水下活动的审核工作中，应急预案对于避险水域、撤离路线和方式等内容应有较明确和合理的部署，在恶劣天气预警方面也应将此类船舶作为重点对象。

目前，非自航式船舶尚未出台最低配员规定，但根据《海上非自航船舶船员考试、发证管理办法》要求，该类船舶上服务的人员应持有相应的非自航船舶船员证书，同时，人员的数量不应该超过救生定额。根据统计，此类船舶往往人员较多，生活和作业活动在密集区域进行，火灾事故多发且远离岸边难以有效施救，需引起注意。

绞吸式挖泥船、起重船等船舶属于大型操纵受限船舶，在作业期间往往占用较大的水域并采用钢桩和抛投八字锚等形式定位，应督促其按照规定显示相应的信号，并向过往船舶通报施工计划、抛锚形式等情况，以便过往船舶及时采取避让措施。

上篇　涉水工程前期海事管理要点

《中华人民共和国水上水下活动通航安全管理规定》(以下简称《规定》)第四条明确指出国务院交通运输管理部门主管全国水上水下活动(涉水工程)通航安全管理工作。国家海事管理机构在国务院交通运输主管部门的领导下,负责全国水上水下活动通航安全监督管理工作。各级海事管理机构依照各自的职责权限,负责本辖区水上水下活动通航安全监督管理工作。《规定》第十五条指出按照国家规定需要立项的对通航安全可能产生影响的涉水工程,在工程立项前交通运输主管部门应当按照职责组织通航安全影响论证审查,论证审查意见作为工程立项审批的条件。

水上水下活动在建设或者活动期间对通航安全、防治船舶污染可能构成重大影响的,建设单位或者主办单位应当在申请海事管理机构水上水下活动许可之前进行通航安全评估。

此外,《中华人民共和国安全生产法》、《中华人民共和国海洋环境保护法》等相关法律法规均明确指出海事管理部门在工程前期的各项职责,为海事部门的提前介入、积极介入、主动作为提供了有力的法律保障。本章主要论述水上水下活动前期海事监管要点,从工程“立项、预可、工可、初设、施工图设计”等阶段的海事监管出发,全面落实通航安全影响论证与通航安全评估工作程序,切实保障工程安全、工程周边安全及建设期安全。

本篇主要介绍涉水工程前期海事管理的相关内容,目的在于明确涉水工程前期海事的“2W1H”,即涉水工程前期需办理什么手续(What),什么时候办理(When)以及如何办理(How)。

第5章 涉水工程调研

涉水工程调研工作旨在体现海事监管机构实施监督管理原则中的“提前介入、积极介入、主动作为”，主动了解涉水工程的基本情况，提前发现涉水工程涉及和存在的通航影响与安全问题，及时提请有关部门予以重视和纠正。

5.1 调研的意义

“三个服务”理念是交通运输部提出的交通发展要服务国民经济和社会发展全局、服务社会主义新农村建设、服务人民群众安全便捷出行。“三个服务”是对交通发展规律的精辟总结，是交通行业贯彻落实科学发展观的具体体现，是新时期我国交通发展的总方针和总纲领。组织开展涉水工程海事调研是海事管理机构落实交通运输部提出的“三个服务”的重要体现，是服务涉水工程建设的有力举措，是主动介入、提前介入的具体实施，同时也为涉水工程建设单位、施工单位及早了解海事相关手续，主动推进各项前期手续办理打下良好基础。

因此，各级海事管理机构结合工作实际，适时开展涉水工程海事调研是非常有必要的。2011 年，河北海事局及其分支机构制定了涉水工程调研工作程序，该局每年组织开展涉水工程调研 2 次，分别于年初及年终开展，此举一方面有力宣传了海事在涉水工程管理方面的要求，便于业主单位及时开展各项手续的办理，缩短工程建设周期，提高效率，另一方面也借此充分了解了辖区拟建工程的各项信息，通过调研及时制定了相关针对性措施，积极应对工程建设对通航安全的影响，切实保障工程建设期水上安全形势的持续稳定。

5.2 调研的形式

调研是调查研究的简称，指通过各种调查方式，比如现场访问、电话调查、拦截访问、网上调查、邮寄问卷等形式，得到受访者的态度和意见，然后进行统计分析，并研究事物总的特征。海事管理机构根据实际可通过实地调研、现场访问、电话调查、问卷调查等方式，统计并汇总辖区内拟建涉水工程相关信息，具体可根据自身实际，选择便于工作开展的方式进行前期调研。

5.3　调研的内容

调研内容可根据工程规模及实际需要来定，可包括拟建项目名称、拟开工时间、建设地点、前期手续办理情况、拟参与施工船舶情况、砂石料使用情况等。

河北海事局涉水工程前期调研信息统计表，见表5.3-1。

河北海事局涉水工程前期调研信息统计表　　表5.3-1

序号	项目名称	工程概况	拟开工时间 及投产时间	目前前期手续办理情况 （立项、论证、工可、评估）	立项单位
1					
2					
3					
4					
5					
6					
7					
8					
9					
10					
11					
12					
13					
14					
15					

填表说明：工程概况简要填写工程建设内容。

5.4　调研结果的处理

各级海事管理机构在充分调研的基础上，可采取调研报告或专题汇报的形式将调研结果上报，并通报相关管理部门，确保各单位提前掌握拟建工程信息，做好监管服务准备工作，力求监管工作覆盖全面，有的放矢。

第6章　涉水工程前期海事审核

我国现阶段实行投资项目分类管理制度，不同投资主体、项目资金来源和项目性质将采用不同的投资管理办法，为此涉水工程相关管理人员掌握工程前期相关手续办理流程十分必要。

6.1　涉水工程通航安全影响论证

按照《中华人民共和国水上水下活动通航安全管理规定》（以下简称《规定》）第十五条规定：按照国家规定需要立项的对通航安全可能产生影响的涉水工程，在工程立项前交通运输主管部门应当按照职责组织通航安全影响论证审查，论证审查意见作为工程立项审批的条件。

按照《中华人民共和国海事局水上水下活动通航安全影响论证与评估管理办法》（以下简称《办法》）第五条规定：需要立项的涉水工程，应在工程立项前组织开展通航安全影响论证。

《办法》规定论证工作实行分级管理制度：中华人民共和国海事局负责全国通航安全影响论证的统一管理，具体负责由交通运输部规划、批准或核准以及国家发展改革委员会或国务院及以上有关部门规划、批准或核准的水上水下活动项目的通航安全影响论证和审查工作。部直属及省级地方海事管理机构负责所辖区域通航安全影响论证工作，具体负责由省级人民政府有关部门批准的水上水下活动或者中华人民共和国海事局指定管辖水上水下活动的通航安全影响论证和审查工作，并负责为中华人民共和国海事局开展审查活动的前期准备工作。

通航安全影响论证工作应于涉水工程立项阶段开展，在工程立项前申请海事管理机构组织审查。

业主、建设单位或活动主办单位应委托经海事管理机构备案且具备相应资质的论证单位开展通航安全影响论证工作。论证单位应在接受委托后7个工作日内向当地海事管理机构报备。

《论证报告》编制完成后，由业主、建设单位或活动主办单位向当地海事管理机构提出审查申请时，须提交申请书、《论证报告》、设计文件等资料和图纸。

由中华人民共和国海事局负责审查的《论证报告》，部直属或省级地方海事管理机构对申请单位提交的《论证报告》的格式、内容和其他材料应进行初步审查，认为不符合要求的，应退回申请单位修改或补充；符合要求的，报请中华人民共和国海事局组织审查。由部直属或省级地方海事管理机构负责审查的《论证报告》，如涉及通航环境复杂、通航安全影响明显、存在船舶污染海域隐患或其他严重分歧和疑问的，可指派当地海事管理机构进行初步审查，形成书面审查意见。

6.2　工程预可行性研究

预可行性研究也称初步可行性研究，是在投资机会研究的基础上，对项目方案进行的进一步技术经济论证，对项目是否可行进行初步判断，是项目开展前的初步设想。海事管理机构在参与工程预可行性研究时，需提出相关海事管理要求，特别是关于通航安全影响论证与评估工作开展、岸线安全使用审查、通航安全保障设施配备等海事管理要求，此举也是海事管理机构主动践行“三个服务”理念，支持地方经济发展的具体体现。为此，各级海事管理机构要积极参与工程预可行性研究审查。

6.3　工程可行性研究

可行性研究（Feasibility Study）是在项目立项批复后，对项目在技术上和经济上是否可行所进行的科学分析和论证。可行性研究是指在调查的基础上，通过市场分析、技术分析、财务分析和国民经济分析，对各种投资项目的技术可行性与经济合理性进行的综合评价。可行性研究的基本任务，是对新建或改建项目的主要问题，从技术经济角度进行全面的分析研究，并对其投产后的经济效果进行预测，在既定的范围内进行方案论证的选择，以便最合理地利用资源，达到预定的社会效益和经济效益。可行性研究必须从系统总体出发，对技术、经济、财务、商业以至环境保护、法律等多个方面进行分析和论证，以确定建设项目是否可行，为正确进行投资决策提供科学依据。项目的可行性研究是对多因素、多目标系统进行的不断的分析研究、评价和决策的过程。它需要有各方面知识的专业人才通力合作才能完成。可行性研究不仅应用于建设项目，还可应用于科学技术和工业发展的各个阶段和各个方面。例如，工业发展规划、新技术的开发、产品更新换代、企业技术改造等工作的前期，都可应用可行性研究。我国从 1982 年开始，已将可行性研究列为基本建设中的一项重要程序。可行性研究大体可分为三个大的方面:工艺技术、市场需求、财务经济状况。

6.4　初步设计

初步设计是最终成果的前身,相当于一幅图的草图,一般做设计的在没有最终定稿之前的设计都统称为初步设计。初步设计的步骤:①找到主题;②依据主题;③用途设计模式;④收集资料;⑤整理分析资料;⑥摆出多种界面;⑦设计出多种思路;⑧依据用途。需要选出最合适的一种设计模式。通常来说,先初步设计,然后是扩初(即"扩充初步设计"),接下来才是施工图。扩初是指在方案设计基础上的进一步设计,但设计深度还未达到施工图的要求,小型工程可以不必经过这个阶段直接进入施工图。

6.5　通航安全评估审查

按《规定》第十五条要求:水上水下活动在建设期间或者活动期间对通航安全、防治船舶污染可能构成重大影响的,建设单位或者主办单位应当在申请海事管理机构水上水下活动许可之前进行通航安全评估。

按《办法》第五条:可能影响船舶通航安全的水上水下活动,应在申请海事管理机构水上水下活动许可前进行通航安全评估。

《办法》规定:通航安全评估是水上水下活动开展前的重要工作,是水上水下活动顺利开展及通航安全保障的必要环节,是水上水下活动通航安全许可的主要依据之一。

评估工作实行分级管理制度,其分级管理标准与论证工作的管理一致。

通航安全评估一般应在涉水工程工可阶段或初步设计阶段进行;水上大型体育赛事等活动,组织单位应在活动筹划前开展;对通航安全影响重大的水上水下活动,且前期已开展通航安全影响论证的,应于涉水工程初步设计批复后、申请海事管理机构水上水下活动许可之前开展并申请审查。

业主、建设单位或活动主办单位应委托经海事管理机构备案且具备相应资质的论证单位开展通航安全评估工作。评估单位应在接受委托后 7 个工作日内向当地海事管理机构报备。

《评估报告》编制完成后,由业主、建设单位或活动主办单位向当地海事管理机构提出审查申请,并提交申请书、《评估报告》、设计文件等资料和图纸。

评估单位应依据专家审查意见对《评估报告》进行修改完善,并根据专家评审意见形成书面修改说明,完成最终《评估报告》,修改说明应附在最终《评估报告》附件中。业主、建设单位或活动主办单位应及时向负责项目或活动行政许可的海事管理机构提交经修改完善的《评估报告》,相应海事管理机构应按照工作程序对《评估报告》进行核准,出具核准意见。

修改完善后的《评估报告》及专家审查意见是海事管理机构进行水上水下活动行政许可的条件,同时也是业主、建设单位或活动主办单位落实安全主体责任、海事管理机构实行现场监督管理和运营管理的重要依据。

6.6　通航水域岸线安全使用审查

岸线和通航水域在一定意义上讲是不可分割的,岸线是通航水域的边缘,岸线的长短、间隔决定了通航水域的大小。岸线是一种不可再生的资源,它的适用状况关系着通航水域通航环境的好坏,岸线资源被破坏,将会导致宝贵的通航资源受损。因此,在对水上水下活动进行审核时,核准与其相关岸线的使用情况,是水上水下活动通航安全审核工作的一项重要内容。

就通航安全而论,有些岸线的使用明显涉及通航安全,如修建码头、闸坝等对岸线的适用就明显地涉及通航安全;有些岸线的使用虽然当前不涉及,但将来可能涉及通航安全。

海事管理机构对岸线安全使用进行审核时,其陆域部分适用《中华人民共和国土地管理法》,水上部分适用《中华人民共和国海上交通安全法》、《中华人民共和国内河交通安全管理条例》和《中华人民共和国水上水下活动通航安全管理规定》。

6.6.1　审核依据

(1)《中华人民共和国海上交通安全法》。

(2)《中华人民共和国内河交通安全管理条例》。

(3)《中华人民共和国水上水下活动通航安全管理规定》。

(4)《中华人民共和国海事行政许可条件规定》。

(5)《中华人民共和国海洋环境保护法》。

(6)《中华人民共和国水污染防治法》。

(7)《中华人民共和国海事局通航安全影响论证与评估管理办法》。

6.6.2　工作流程

1）受理

（1）受理人收到通航水域岸线安全使用许可申请后，应对申请是否属本机构管辖范围、申请人是否符合申请条件、申请材料是否齐全等进行审查，申请材料应包括：①《通航水域岸线安全使用申请书》；②已通过评审的通航安全影响论证报告及审查意见；③设计单位资质认证文书及其复印件；④有关技术资料和图纸及有关审查会议纪要等有关资料及复印件；⑤相关部门关于使用岸线的项目的批准文书及复印件（规定必要时）；⑥委托证明及委托人和被委托人身份证明及其复印件（委托时）。

（2）对资料齐全、文书填写完整的，受理人予以受理，向申请人出具加盖受理专用章的《海事业务受理通知书》，受理情况要进行登记；对资料完备性等情况有疑义的，向申请人出具加盖受理专用章的《海事业务申请材料收存单》，收存情况要进行登记并及时处理，5 个工作日内未做答复的，视为受理。

（3）申请事项依法不需要取得行政许可的，申请事项依法不属于本机构职权范围的，受理人应当及时做出不予受理的决定，告知申请人并向申请人出具加盖受理专用章的《海事业务不予受理通知书》。

（4）申请材料存在可以当场更正的错误的，受理人应当告知并允许申请人当场更正。

（5）申请材料不齐全或者不符合法定形式的，受理人应当当场或 5 个工作日（收存材料的）内一次性告知申请人需要补正的全部内容，并向申请人出具加盖受理专用章的《海事业务补正通知书》。

（6）申请人应在复印件上署名及签注日期，受理人经审查与原件一致，将原件退回申请人。

（7）受理人受理后，填写《海事业务审批表》并将相关申请材料呈送初审人。

2）初审

（1）初审人对相关材料进行审核，审核后在《海事业务审批表》签注审核意见，将相关材料提交复审人。

（2）需要现场进行核查的，由初审人或核查部门组织核查。

3）复审

复审人对相关材料及初审人的意见进行审核，审核后在《海事业务审批表》签注审核意见，将相关材料提交审批人。

4）审批

审批人对相关材料进行审核，审核后在《海事业务审批表》上签注审批意见，并将相关材料退还初审人。

5）办理与告知

（1）审批人审批同意的，由初审人制作加盖通航安全管理专用章的《海事行政许可决定书》。

（2）审批人审批不同意的，由初审人制作加盖通航安全管理专用章的《不予海事行政许可决定书》。

（3）办理完毕后，由初审人在《通航许可（审批）登记台账》中登记。

（4）初审人将《海事行政许可决定书》或《不予海事行政许可决定书》转受理人通知申请人领取或送达申请人，受理人进行登记。

（5）审批同意的，初审人应及时将相关信息发给现场监管部门/人员。

6）归档

办理完毕后，初审人应及时将《通航水域岸线安全使用申请书》、申请材料、《海事业务审批表》、现场核查书面材料或记录、《海事行政许可决定书》或《不予海事行政许可决定书》附本或复印件等材料进行归档。

6.6.3　参考审核标准

（1）《通航水域岸线安全使用申请书》内容填写完整、规范。

（2）审查要点：①对修建码头、修建桥梁等对通航安全及通航环境产生重大或永久性影响的使用岸线项目要重点审核；应要求建设单位就通航安全问题进行专题论证，并提供论证报告；②涉及使用岸线的工程、作业、活动已完成可行性研究；③对航行安全及防污染的影响程度；④符合水上交通安全的技术规范和要求；⑤对存在的影响通航安全及环境保护等问题采取的对策及通航保障措施的有效性。

（3）申请的作业项目涉及防污内容的，初审人必要时应通知危防管理部门人员参与审查防污措施，并在《海事业务审批表》初审栏中签署意见。

（4）审查发现行政许可事项直接关系他人重大利益的，应当告知项目建设申请人。在海事管理机构组织通航安全论证或安全问题协调会时，应当邀请该利害关系人参加会议，充分听取利害关系人陈述和申辩。

（5）需要报上一级海事管理机构审查的，上一级海事管理机构审查意见下达后，再制作决定文书。

（6）自受理之日起20个工作日内办结。

（7）受理的材料齐全合格，许可的程序符合规范，受理情况登记清楚。

（8）印章使用正确、规范，台账记录、档案收集完整。

(9)各单位根据实际情况,可以简化审批流程,按照"受理——审核——审批"(二级审批)执行,合并初审和复审环节,审批权下放部门负责人。

6.7　通航安全影响论证与评估专家管理

6.7.1　通航安全影响论证与评估专家评选工作

《水上水下活动通航安全影响评估专家库管理办法》规定在中华人民共和国境内参加论证与评估工作的人员,必须依照本办法向相应海事管理机构申请,并取得中华人民共和国海事局颁发的通航安全技术专家证书。中华人民共和国海事局负责建立和管理全国通航安全影响评估专家库。

通航安全技术专家入选条件须具有航海技术、海事管理、港口与航道工程、海岸工程专业(以下简称"本行业")背景,在航运企事业单位、航海院校、科研院所、航海学会和海事管理机构、引航机构工作的高级专业技术人员符合下列条件者,可申请入选通航安全技术专家:

(1)熟悉本行业国内外发展动态,本行业有关法律、法规、国家政策及规范标准,有较高理论水平和较丰富的实践工作经验。

(2)具有良好的敬业精神和职业道德,能够认真、公正、诚实、廉洁地履行职责。

(3)年龄原则在65周岁以下(个别著名专家可放宽至70周岁),健康状况良好。

(4)具有正高级专业技术职称,或三年以上副高级专业技术职称,或具有甲类船长资格证书,或具有高级引航员证书,且同时具备以下条件:①有较高的专业技术水平;②从事与通航相关的专业工作10年以上。

(5)符合以下条件之一者,前四项条件可适当放宽:①近5年承担过或正在承担国家级相关通航安全研究课题1项及以上;或省部级通航安全研究课题2项及以上;②在通航安全科学研究方面有突出贡献,或有重大发明创造,对航运科技发展产生重大影响者;③本行业技术能手。

符合通航安全技术专家入选条件的人员可直接或通过所在单位向当地直属海事局或省级地方海事局申请。

直属海事局和省级地方海事局接到通航安全技术专家申请后,应当在7个工作日内对申请人提交的相关资料进行初步审核,认为明显不符合申请条件的,退回申请单位或个人并说明理由;认为符合申请条件的,提出审核意见,并和相关资料一并上报中华人民共和国海事局审批。

中华人民共和国海事局对直属海事局和省级地方海事局上报的通航安全技术专家申请进行审核,认为符合条件的在中华人民共和国海事网站上进行公示。

对通过公示的通航安全技术专家经批准后予以公布,并颁发相应的专家证书,有效期为3年。通航安全技术专家证书由中华人民共和国海事局统一印制颁发。

申请入选通航安全技术专家,应提交以下材料:

(1)通航安全技术专家申请表(一式三份)及相应电子文档;包括现在从事的工作经历、学历、专业、工作时间、职称及职务、身份证号码、联系方式等。

(2)工作业绩材料。

(3)所在单位意见与证明。

通航安全技术专家申请的时间由中华人民共和国海事局根据工作安排向社会公布。每年11月份集中受理。

各直属海事局和省级地方海事局应当依照有关法律、法规和本办法,加强对辖区内通航安全技术专家进行监督管理。

各级海事管理机构在组织相应的通航安全论证与评估报告专家审查会前,应从中华人民共和国通航安全技术专家库中抽取相应专家组成专家组,专家组一般应由5人及以上组成,原则上应有外地专家。

6.7.2　培训与考核制度

每个专家每年至少有两次的通航安全影响论证和评估活动记录,确保适应工作。

6.7.3　违规行为的处置措施

以欺骗、虚报资料等不正当手段取得通航安全技术专家证书的,或违背职业道德、显失公正的,根据利害关系人的请求,经核实后由中华人民共和国海事局撤销通航安全技术专家资格并收回专家证书。

第7章　各类水上水下活动审查要点

水上水下活动的建设单位、主办单位或者对工程总负责的施工作业者，应当按照《中华人民共和国海事行政许可条件规定》向当地的海事管理机构提出申请并报送相应的材料。在取得海事管理机构颁发的《中华人民共和国水上水下活动许可证》（以下简称许可证）后，方可进行相应的水上水下活动。编者结合工作实际对《中华人民共和国水上水下通航安全管理规定》中明确的十项活动进行了分类，并将各类活动审查要点进行阐述。

7.1　通航水域水上水下活动

7.1.1　审查依据

（1）《中华人民共和国海上交通安全法》第九条、第十条、第二十条。

（2）《中华人民共和国内河交通安全管理条例》第二十三条、第二十五条、第二十八条。

（3）《中华人民共和国水上水下活动通航安全管理规定》。

（4）《中华人民共和国海上航行警告和航行通告管理规定》第五条、第六条、第八条。

（5）《中华人民共和国海事行政许可条件规定》第七条。

（6）《中华人民共和国海洋环境保护法》。

（7）《中华人民共和国水污染防治法》。

（8）《中华人民共和国海事局通航安全影响论证与评估管理办法》。

（9）《中华人民共和国防治船舶污染海洋环境管理条例》。

7.1.2　工作流程

1）受理

（1）受理人收到水上水下活动许可申请后，应对申请是否属本机构管辖范围、申请人是否符合申请条件、申请材料是否齐全等进行审查，申请材料应包括：①《水上水下活动通航安全审核申请书》；②项目的批准文件及其复印件（需办理批准手续的项目）；③与通航安全有关的技术资料及施工作业图纸；④水上水下活动方案；已建立安全及防污染责任制、保障措施和应急预案的证明材料；⑤与水上水下活动有关的合同或协议书及其复印件（建设、施工单位为同一单位时除外）；⑥施工作业单位的资质认证文书及其复印件（施工作业时）；⑦参与施工作业（活动）的船舶清单（可通过海事信息系统复核清单中船舶）；⑧已通过评审的通航安全评估报告（对通航安全和防污染有重大影响的）；⑨《发布航行警（通）告申请书》（对通航安全有重大影响的）；⑩专项维护申请（对通航安全和防污染有重大影响的）；⑪委托证明及委托人和被委托人身份证明及其复印件（委托时）。

（2）对资料齐全、文书填写完整的，受理人予以受理，向申请人出具加盖受理专用章的《海事业务受理通知书》，受理情况要进行登记。对资料完备性等情况有疑义的，向申请人出具加盖受理专用章的《海事业务申请材料收存单》，收存情况要进行登记并及时处理。5个工作日内未做答复的，视为受理。

（3）申请事项依法不需要取得行政许可的，申请事项依法不属于本机构职权范围的，受理人应当及时做出不予受理的决定，告知申请人向有关行政机关申请，并向申请人出具加盖受理专用章的《海事业务不予受理通知书》。

（4）申请材料存在可以当场更正的错误的，受理人应当告知并允许申请人当场更正。

（5）申请材料不齐全或者不符合法定形式的，受理人应当当场或5个工作日（收存材料的）内一次性告知申请人需要补正的全部内容，并向申请人出具加盖受理专用章的《海事业务补正通知书》。

（6）需核对原件但不留存的，受理人审查与原件一致，复印留存并签注，将原件退回申请人；只需留存复印件不需提交原件的，由申请人提交复印件署名并签注日期，受理人签收留存。

（7）受理人受理后，填写《海事业务审批表》并将相关申请材料送初审人。

2）初审

（1）初审人对申请材料进行审核：①申请项目涉及防污染内容的，初审人必要时应通知危防主管部门参与审查其防污染措施；申请项目涉及特种船舶作业的，初审人必要时应通知船舶主管部门参与审查，相关人员应当在《海事业务审批表》审核栏中签署意见；需要现场进行核查的，初审人通知现场监管部门组织核查，现场监管部门核查后反馈核查意见；②审查发现行政许可事项直接关系他人重大利益的，应由项目申请人提交已征求利害关系人意见的证明材料，或直接征求相关利害关系人意见;需要发布航行警(通)告的作业或活动,应当在活动开始前办妥相关手续,具体按航行警(通)告发布相关工作程序执行。

(2)审核后在《海事业务审批表》签注审核意见,将相关材料提交复审人。

3)复审

(1)复审人对相关材料和初审意见进行审核。复审人应当把控办理时间进度,本业务应当自受理之日起20个工作日内办结,其中大型设施、移动式平台、超限物体水上拖带作业审批应当自受理之日起5个工作日内完成;需要报上一级海事管理机构审查的,经上一级海事管理机构审查意见下达后,方能制作水上水下活动许可证。

(2)审核后在《海事业务审批表》签注拟处理意见,将相关材料提交审批人。

4)审批

(1)审批人审核拟处理意见,核对审批事项。

(2)审核后在《海事业务审批表》上签注审批意见。

(3)将相关材料退还初审人。

5)办理与告知

(1)审批人审批同意的,由初审人制作加盖通航安全管理专用章的《水上水下活动许可证》。

(2)审批人审批不同意的,由初审人制作加盖通航安全管理专用章的《不予海事行政许可决定书》。

(3)办理完毕后,由初审人在《通航许可(审批)登记台账》中登记。

(4)初审人将《水上水下活动许可证》或《不予海事行政许可决定书》转受理人通知申请人领取或送达申请人,受理人进行登记。

(5)审批同意的,初审人应及时将相关信息以适当方式流转给现场监管部门/人员。

6)归档

办理完毕后,初审人应及时将《水上水下活动通航安全审核申请书》、相关申请材料、《海事业务审批表》、现场核查书面材料或记录、《水上水下活动许可证》或《不予海事行政许可决定书》副本或复印件等材料进行归档。

(1)材料齐全合格,许可程序符合规范,办理情况登记清楚。

(2)印章使用正确、规范,台账记录、档案收集完整。

7.1.3　参考审查标准

(1)《水上水下活动通航安全审核申请书》内容填写完整、规范。

(2)审查要点:①参与水上水下活动的单位、人员和船舶、设施的数量及活动占用水域范围大小;②参与水上水下活动船舶的适航性、船员的适任性,及船舶适于作业的情况;③水上水下活动方案对于水上交通安全和防污染要求的符合性;④对过往船舶及施工作业船舶安全航行及防污染的影响程度;⑤建立的安全、防污染责任制的可行性;⑥对存在的影响通航安全及环境保护等问题采取的对策及通航保障措施的有效性,对安全和防污染有重大影响的已通过通航安全评估,以及是否按照通航安全评估报告和专家意见进行落实;⑦对修建码头、主要航道拓宽浚深、海上石油勘探开发等对通航安全及通航环境产生较大影响的水上水下活动项目要重点审核;⑧对通航安全影响重大的,应当组织有关部门进行会审或召开施工安全管理协调会议,审查研究通航安全管理措施和防污染措施。

(3)延期、变更施工船舶的,由初审人审核同意后办理延期或变更手续;实施施工作业的单位、活动内容、水域发生变更的,重新申请许可证;有《中华人民共和国水上水下活动通航安全管理规定》第十二条规定的情形的,由原发证的海事管理机构办理注销手续。

(4)自受理之日起20个工作日内办结。

(5)受理的材料齐全合格,许可的程序符合规范,受理情况登记清楚。

(6)印章使用正确、规范,台账记录、档案收集完整。

(7)各单位根据实际情况,可以简化审批流程,按照"受理——审核——审批"(二级审批)执行,合并初审和复审环节,审批权下放部门负责人。

7.2　在港口水域内进行采掘、爆破等活动

7.2.1　审查依据

(1)《中华人民共和国海上交通安全法》第十条、第二十二条。

(2)《中华人民共和国港口法》第三十七条。

(3)《中华人民共和国内河交通安全管理条例》第二十三条、第二十五条。

(4)《中华人民共和国水上水下活动通航安全管理规定》。

(5)《中华人民共和国海上航行警告和航行通告管理规定》。

(6)《中华人民共和国海事行政许可条件规定》第八条。

(7)《中华人民共和国民用爆炸物品管理条例》第二十五条。

(8)《中华人民共和国防治船舶污染海洋环境管理条例》。

7.2.2　工作流程

1)受理

(1)受理人收到在港口水域内进行采掘、爆破等活动许可申请后,应对申请是否属本机构管辖范围、申请人是否符合申请条件、申请材料是否齐全等进行审查,申请材料应包括:①《水上水下活动通航安全审核申请书》;②港口行政管理部门、公安部门对爆破作业的同意文书或意见及其复印件(规定必要时);③采掘、爆破作业方案;已建立安全及防污染责任制、保障措施和应急预案的证明材料;④与采掘、爆破作业有关的合同或协议书及其复印件(建设、施工单位为同一单位时除外);⑤采掘、爆破作业单位的资质认证文书及其复印件;⑥施工作业船舶的船舶证书和船员适任证书及其复印件(如施工船舶不在本辖区可暂不提供原件);⑦专项维护申请(对通航安全和防污染有重大影响时);⑧已通过评审的通航安全评估报告(对通航安全和防污染有重大影响时);⑨航行通(警)告发布申请(对通航安全和防污染有重大影响时);⑩委托证明及委托人和被委托人身份证明及其复印件(委托时)。

(2)对资料齐全、文书填写完整的,受理人予以受理,向申请人出具加盖受理专用章的《海事业务受理通知书》,受理情况要进行登记。对资料完备性等情况有疑义的,向申请人出具加盖受理专用章的《海事业务申请材料收存单》,收存情况要进行登记并及时处理,5 个工作日内未做答复的,视为受理。

(3)申请事项依法不需要取得行政许可的,申请事项依法不属于本机构职权范围的,受理人应当及时做出不予受理的决定,告知申请人向有关行政机关申请,并向申请人出具加盖受理专用章的《海事业务不予受理通知书》。

(4)申请材料存在可以当场更正的错误的,受理人应当告知并允许申请人当场更正。

(5)申请材料不齐全或者不符合法定形式的,受理人应当当场或 5 个工作日(收存材料的)内一次性告知申请人需要补正的全部内容,并向申请人出具加盖受理专用章的《海事业务补正通知书》。

(6)需核对原件但不留存的,受理人审查与原件一致,复印留存并签注,将原件退回申请人;只需留存复印件不需提交原件的,由申请人提交复印件署名并签注日期,受理人签收留存。

(7)受理人受理后,填写《海事业务审批表》并将相关申请材料送初审人。

2)初审

首先初审人对申请材料进行审核。

(1)申请项目涉及防污染内容的,初审人必要时应通知危防主管部门参与审查其防污染措施;申请项目涉及特种船舶作业的,初审人必要时应通知船舶主管部门参与审查,相关人员应当在《海事业务审批表》审核栏中签署意见;需要现场进行核查的,初审人通知现场监管部门组织核查,现场监管部门核查后反馈核查意见。

(2)审查发现行政许可事项直接关系他人重大利益的,应由项目申请人提交已征求利害关系人意见的证明材料,或直接征求相关利害关系人意见;需要发布航行警(通)告的作业或活动,应当在活动开始前办妥相关手续,具体按航行警(通)告发布相关工作程序执行。

初审人审核后在《海事业务审批表》签注审核意见,将相关材料提交复审人。

3)复审

复审人对相关材料和初审意见进行审核。

复审人应当把控办理时间进度,本业务应当自受理之日起20个工作日内办结,其中大型设施、移动式平台、超限物体水上拖带作业审批应当自受理之日起5个工作日内完成;需要报上一级海事管理机构审查的,经上一级海事管理机构审查意见下达后,方能制作水上水下活动许可证。

复审人审核后在《海事业务审批表》签注拟处理意见,将相关材料提交审批人。

4)审批

(1)审批人审核拟处理意见,核对审批事项。

(2)审核后在《海事业务审批表》上签注审批意见。

(3)将相关材料退还初审人。

5)办理与告知

(1)审批人审批同意的,由初审人制作加盖通航安全管理专用章的《水上水下活动许可证》。

(2)审批人审批不同意的,由初审人制作加盖通航安全管理专用章的《不予海事行政许可决定书》。

(3)办理完毕后,由初审人在《通航许可(审批)登记台账》中登记。

(4)初审人将《水上水下活动许可证》或《不予海事行政许可决定书》转受理人通知申请人领取或送达申请人,受理人进行登记。

(5)审批同意的,初审人应及时将相关信息以适当方式流转给现场监管部门/人员。

6)归档

办理完毕后,初审人应及时将《水上水下活动通航安全审核申请书》、相关申请材料、《海事业务审批表》、现场核查书面材料或记录、《水上水下活动许可证》或

《不予海事行政许可决定书》副本或复印件等材料进行归档。

(1)材料齐全合格,许可程序符合规范,办理情况登记清楚。

(2)印章使用正确、规范,台账记录、档案收集完整。

7.2.3　参考审查标准

(1)《水上水下活动通航安全审核申请书》内容填写完整、规范。

(2)审查要点:①已取得港口等主管部门同意;②爆破活动已按照国家规定取得爆破作业许可或公安部门的同意;③作业单位、人员、设施符合安全作业要求;④已制定采掘、爆破作业方案,包括起止时间、地点和范围、进度安排等;⑤已建立安全、防污染的责任制,并已制定符合水上交通安全和防污染要求的保障措施和相应的应急预案。

(3)延期、变更施工船舶的,由初审人审核同意后办理延期或变更手续;实施施工作业的单位、活动内容、水域发生变更的,重新申请许可证;有《中华人民共和国水上水下活动通航安全管理规定》第十二条规定的情形的,由原发证的海事管理机构办理注销手续。

(4)自受理之日起20个工作日内办结。

(5)受理的材料齐全合格,许可的程序符合规范,受理情况登记清楚。

(6)印章使用正确、规范,台账记录、档案收集完整。

(7)各单位根据实际情况,可以简化审批流程,按照"受理——审核——审批"(二级审批)执行,合并初审和复审环节,审批权下放部门负责人。

7.3　打捞或者拆除沿海水域内沉船沉物

7.3.1　审查依据

(1)《中华人民共和国海上交通安全法》第四十条、第四十一条。

(2)《中华人民共和国内河交通安全管理条例》第二十五条、第四十二条。

(3)《中华人民共和国水污染防治法》第四条、第十三条。

(4)《中华人民共和国水上水下活动通航安全管理规定》。

(5)《中华人民共和国海上航行警告和航行通告管理规定》第五条、第六条、第八条。

(6)《中华人民共和国海事行政许可条件规定》第九条。

(7)《中华人民共和国打捞沉船管理办法》。

(8)《中华人民共和国水下文物保护条例》第七条、第八条。

(9)《中华人民共和国防治船舶污染海洋环境管理条例》。

7.3.2　工作流程

1)受理

(1)受理人收到通航水域内沉船沉物打捞作业审批申请后,应对申请是否属本机构管辖范围、申请人是否符合申请条件、申请材料是否齐全等进行审查。申请材料应包括:①《水上水下活动通航安全审核申请书》;②打捞单位资质证明文件及其复印件;③打捞合同(协议)及其复印件;(船舶所有人、经营人和施工作业单位为同一单位或经主管机关认可开展紧急清障时除外);④打捞作业方案;已建立安全及防污染责任制、保障措施和应急预案的证明材料(经主管机关认可开展紧急清障的除外);⑤参与施工作业船舶清单;⑥沉船所有权证书或相关证明及其复印件;⑦已通过评审的通航安全评估报告(对安全和防污染有重大影响的);⑧航行通(警)告发布申请(必要时);⑨专项维护申请(必要时);⑩文物行政主管部门的批准文件(打捞文物时);⑪委托证明及委托人和被委托人身份证明及其复印件(委托时)。

(2)对资料齐全、文书填写完整的,受理人予以受理,向申请人出具加盖受理专用章的《海事业务受理通知书》,受理情况要进行登记。对资料完备性等情况有疑义的,向申请人出具加盖受理专用章的《海事业务申请材料收存单》,收存情况要进行登记并及时处理,5 个工作日内未做答复的,视为受理。

(3)申请事项依法不需要取得行政许可的,申请事项依法不属于本机构职权范围的,受理人应当及时做出不予受理的决定,告知申请人向有关行政机关申请,并向申请人出具加盖受理专用章的《海事业务不予受理通知书》。

(4)申请材料存在可以当场更正的错误的,受理人应当告知并允许申请人当场更正。

(5)申请材料不齐全或者不符合法定形式的,受理人应当当场或 5 个工作日(收存材料的)内一次性告知申请人需要补正的全部内容,并向申请人出具加盖受理专用章的《海事业务补正通知书》。

(6)需核对原件但不留存的,受理人审查与原件一致,复印留存并签注,将原件退回申请人;只需留存复印件不需提交原件的,由申请人提交复印件署名并签注日期,受理人签收留存。

(7)受理人受理后,填写《海事业务审批表》并将相关申请材料送初审人。

2)初审

(1)初审人对申请材料按以下程序进行审核:①申请项目涉及防污染内容的,

初审人必要时应通知危防主管部门参与审查其防污染措施；申请项目涉及特种船舶作业的，初审人必要时应通知船舶主管部门参与审查，相关人员应当在《海事业务审批表》审核栏中签署意见；需要现场进行核查的，初审人通知现场监管部门组织核查，现场监管部门核查后反馈核查意见；②审查中发现行政许可事项直接关系他人重大利益的，应由项目申请人提交已征求利害关系人意见的证明材料，或直接征求相关利害关系人意见；需要发布航行警（通）告的作业或活动，应当在活动开始前办妥相关手续，具体按航行警（通）告发布相关工作程序执行。

(2)审核后在《海事业务审批表》签注审核意见，将相关材料提交复审人。

3)复审

复审人对相关材料和初审意见进行再次审核。

复审人应当把控办理时间进度，本业务应当自受理之日起20个工作日内办结，其中大型设施、移动式平台、超限物体水上拖带作业审批应当自受理之日起5个工作日内完成；需要报上一级海事管理机构审查的，经上一级海事管理机构审查意见下达后，方能制作水上水下活动许可证。

复审人审核后在《海事业务审批表》签注拟处理意见，将相关材料提交审批人。

4)审批

(1)审批人审核拟处理意见，核对审批事项。

(2)审核后在《海事业务审批表》上签注审批意见。

(3)将相关材料退还初审人。

5)办理与告知

(1)审批人审批同意的，由初审人制作加盖通航安全管理专用章的《水上水下活动许可证》。

(2)审批人审批不同意的，由初审人制作加盖通航安全管理专用章的《不予海事行政许可决定书》。

(3)办理完毕后，由初审人在《通航许可（审批）登记台账》中登记。

(4)初审人将《水上水下活动许可证》或《不予海事行政许可决定书》转受理人通知申请人领取或送达申请人，受理人进行登记。

(5)审批同意的，初审人应及时将相关信息以适当方式流转给现场监管部门/人员。

6)归档

办理完毕后，初审人应及时将《水上水下活动通航安全审核申请书》、相关申请材料、《海事业务审批表》、现场核查书面材料或记录、《水上水下活动许可证》或《不予海事行政许可决定书》副本或复印件等材料进行归档。

(1)材料齐全合格,许可程序符合规范,办理情况登记清楚。

(2)印章使用正确、规范,台账记录、档案收集完整。

7.3.3　参考审查标准

(1)《水上水下活动通航安全审核申请书》内容填写完整、规范。

(2)审查要点:①从事打捞作业的船舶、设施符合安全航行、停泊和作业的要求;②参与沉船沉物打捞作业的单位、人员具有打捞作业资质证书;③打捞作业方案拟采取的具体打捞作业方式、方法符合水上交通安全和防污染要求;④该项打捞作业应满足水流、气象、环境等技术条件;⑤安全、防污染责任制及相应应急预案的可行性;⑥防污染及通航保障措施的有效性;⑦对法律规定公告期限届满后仍没有利益方主张权利的沉船沉物打捞作业,按照相关程序组织开展强制打捞。

(3)延期、变更施工船舶的,由初审人审核同意后办理延期或变更手续;实施施工作业的单位、活动内容、水域发生变更的,重新申请许可证;有《中华人民共和国水上水下活动通航安全管理规定》第十二条规定的情形的,由原发证的海事管理机构办理注销手续。

(4)自受理之日起20个工作日内办结。

(5)受理的材料齐全合格,许可的程序符合规范,受理情况登记清楚。

(6)印章使用正确、规范,台账记录、档案收集完整。

(7)各单位根据实际情况,可以简化审批流程,按照“受理——审核——审批”(二级审批)执行,合并初审和复审环节,审批权下放部门负责人。

7.4　水上拖带大型设施和移动平台

7.4.1　审查依据

(1)《中华人民共和国海上交通安全法》第十六条。

(2)《中华人民共和国内河交通安全管理条例》第二十二、四十三条。

(3)《中华人民共和国海事行政许可条件规定》第十二条。

(4)《中华人民共和国海上航行警告和航行通告管理规定》第五至七条。

(5)《中华人民共和国行政许可法》第四十二条。

(6)《中华人民共和国海事局水上水下活动通航安全影响论证与评估管理办法》第五条。

7.4.2　工作流程

1)受理

(1)受理人收到水上拖带大型设施和移动平台申请后,应对申请是否属本机构管辖范围、申请人是否符合申请条件、申请材料是否齐全等进行审查,申请材料应包括:①《水上水下活动通航安全审核申请书》;②船检部门为大型设施、移动式平台、超限物体水上拖带航行出具的拖航检验证明及其复印件;③大型设施和移动式平台的技术资料;④拖带计划、拖带方案;已制定安全与防污染保障措施和应急预案的证明材料;⑤与水上水下活动有关的合同或协议书及其复印件(建设、施工单位为同一单位时除外);⑥施工作业单位的资质认证文书及其复印件(施工作业时);⑦参与施工作业(活动)的船舶清单(可通过海事信息系统复核清单中船舶);⑧已通过评审的通航安全评估报告(对通航安全和防污染有重大影响的);⑨《发布航行警(通)告申请书》(对通航安全有重大影响的);⑩专项维护申请(对通航安全和防污染有重大影响的);⑪委托证明及委托人和被委托人身份证明及其复印件(委托时)。

(2)对资料齐全、文书填写完整的,受理人予以受理,向申请人出具加盖受理专用章的《海事业务受理通知书》,受理情况要进行登记。

(3)申请事项依法不需要取得行政许可的,申请事项依法不属于本机构职权范围的,受理人应当及时做出不予受理的决定,告知申请人向有关行政机关申请,并向申请人出具加盖受理专用章的《海事业务不予受理通知书》。

(4)申请材料存在可以当场更正的错误的,受理人应当告知并允许申请人当场更正。

(5)申请材料不齐全或者不符合法定形式的,受理人应当当场或5个工作日内(收存材料的)一次性告知申请人需要补正的全部内容,并向申请人出具加盖受理专用章的《海事业务补正通知书》。

(6)需核对原件但不留存的,受理人审查与原件一致,复印留存并签注,将原件退回申请人;只需留存复印件不需提交原件的,由申请人提交复印件署名并签注日期,受理人签收留存。

(7)受理人受理后,填写《海事业务审批表》并将相关申请材料送初审人。

2)初审

首先初审人对申请材料进行审核。

(1)申请项目涉及防污染内容的,初审人必要时应通知危防主管部门参与审查其防污染措施;申请项目涉及特种船舶作业的,初审人必要时应通知船舶主管部门参与审查，相关人员应当在《海事业务审批表》审核栏中签署意见；需要现场进行核查的，初审人通知现场监管部门组织核查，现场监管部门核查后反馈核查意见。

(2)审查中发现行政许可事项直接关系他人重大利益的，应由项目申请人提交已征求利害关系人意见的证明材料，或直接征求相关利害关系人意见；需要发布航行警(通)告的作业或活动，应当在活动开始前办妥相关手续，具体按航行警(通)告发布相关工作程序执行。

初审人审核后在《海事业务审批表》签注审核意见，将相关材料提交复审人。

3)复审

复审人对相关材料和初审意见再次审核。

复审人应当把控办理时间进度，本业务应当自受理之日起 20 个工作日内办结，其中大型设施、移动式平台、超限物体水上拖带作业审批应当自受理之日起 5 个工作日内完成；需要报上一级海事管理机构审查的，经上一级海事管理机构审查意见下达后，方能制作水上水下活动许可证。

审核后在《海事业务审批表》签注拟处理意见，将相关材料提交审批人。

4)审批

(1)审批人审核拟处理意见，核对审批事项。

(2)审核后在《海事业务审批表》上签注审批意见。

(3)将相关材料退还初审人。

5)办理与告知

(1)审批人审批同意的，由初审人制作加盖通航安全管理专用章的《水上水下活动许可证》。

(2)审批人审批不同意的，由初审人制作加盖通航安全管理专用章的《不予海事行政许可决定书》。

(3)办理完毕后，由初审人在《通航许可(审批)登记台账》中登记。

(4)初审人将《水上水下活动许可证》或《不予海事行政许可决定书》转受理人通知申请人领取或送达申请人，受理人进行登记。

(5)审批同意的，初审人应及时将相关信息以适当方式流转给现场监管部门/人员。

6)归档

办理完毕后，初审人应及时将《水上水下活动通航安全审核申请书》、相关申请材料、《海事业务审批表》、现场核查书面材料或记录、《水上水下活动许可证》或《不予海事行政许可决定书》副本或复印件等材料进行归档。

(1)材料齐全合格,许可程序符合规范,办理情况登记清楚。

(2)印章使用正确、规范,台账记录、档案收集完整。

7.4.3　参考审查标准

(1)《水上水下活动通航安全审核申请书》内容填写完整、规范。

(2)审查要点:①确有拖带的需求和必要的理由;②拖轮适航、适拖,船员适任;③海上拖带已经拖航检验;④已制订拖带计划和方案,有明确的拖带预计起止时间和地点及航经的水域;⑤满足水上交通安全和防污染要求,并已制定相应的保障措施和应急预案,应急预案切实可行和有效;⑥必要时,应实施交通管制,或应发布航行通(警)告;⑦船舶拖带拟经过的路线和时段及其所经过水域水深、水域宽度和横跨建筑物净空高度等情况、船舶拟航行路线的具体时间段及该时间段内当时气象、水文等状况。

(3)自受理之日起5个工作日内办结。

(4)受理的材料齐全合格,许可的程序符合规范,受理情况登记清楚。

(5)印章使用正确、规范,台账记录、档案收集完整。

(6)各单位根据实际情况,可以简化审批流程,按照“受理——审核——审批”(二级审批)执行,合并初审和复审环节,审批权下放部门负责人。

7.5　内河通航水域安全作业

7.5.1　审查依据

(1)《中华人民共和国内河交通安全管理条例》第二十五条、第二十六条、第二十八条、第二十九条。

(2)《中华人民共和国水上水下活动通航安全管理规定》第二条、第五条。

(3)《中华人民共和国海事局水上水下活动通航安全影响论证与评估管理办法》第五条。

7.5.2　工作流程

1)受理

首先,受理人收到内河通航水域安全作业备案申请后,要进行审查:

(1)申请事项是否属本机构管辖范围。申请事项依法不需要提交办理的,申请事项依法不属于本机构职权范围的,应当及时做出不予受理的决定,告知申请人

向有关行政机关申请，并向申请人出具加盖印章的《海事业务不予受理通知书》。

（2）是否属于内河通航水域安全作业备案业务。备案作业事项包括：①气象观测、测量、地质调查；②航道日常维护；③大面积清除水面垃圾；④可能影响内河通航水域交通安全的其他行为。

（3）申请人是否符合申请条件、申请材料是否齐全：①申请材料存在可以当场更正的错误的，受理人应当告知并允许申请人当场更正；申请材料不齐全或者不符合法定形式的，受理人应当当场一次性告知申请人需要补正的全部内容，并向申请人出具加盖印章的《海事业务补正通知书》；②安全作业应由建设者、施工者或其代理人提前24小时书面备案，特殊情况不能满足提前24小时备案要求的，应不晚于作业前2小时备案；③申请材料包括：《内河通航水域安全作业备案书》（一式两份）；有关主管部门对该项目的批准文件及其复印件；与通航安全有关的技术资料及施工作业图纸及其复印件；施工作业方案；已制定安全及防污染责任制相关材料、保障措施和应急预案的证明材料；与施工作业有关的合同或协议书及其复印件；施工作业单位的能力证明文件及其复印件；施工作业船舶清单；已通过评审的通航安全和环境影响技术评估报告（对安全和防污染有重大影响的）；委托证明及委托人和被委托人身份证明及其复印件（委托时）。

其次，通过审查后，对资料齐全、文书填写完整的，受理人予以受理，登记受理工作台账：

（1）对资料完备性等情况有疑义的，向申请人出具加盖印章的《海事业务申请材料收存单》，收存情况要进行登记并及时处理。

（2）需核对原件但不留存的，受理人审查与原件一致，复印留存并签注，将原件退回申请人；只需留存复印件不需提交原件的，由申请人提交复印件署名并签注日期，受理人签收留存。

2）审核与告知

（1）对申请材料进行审核。审核要点为备案的作业内容是否符合所在水域的特别规定；当时的水文、气象或通航环境等是否适合作业；作业是否严重影响通航环境安全；是否制定相应的安全和防污染措施。

（2）备案材料符合条件的，在《内河通航水域安全作业备案书》备案意见栏内签注“予以备案”意见，加盖印章，一份留存，一份交备案人。

（3）备案材料不符合条件的，应在《内河通航水域安全作业备案书》备案意见栏内注明审查意见，加盖印章，一份留存，一份交备案人，并告知备案人调整后在作业前重新备案。

（4）备案材料符合条件的，审核人应及时将相关信息通知负责现场监管的部门/人员。

(5)办理完毕,在《内河通航水域安全作业备案登记台账》中登记。

3)归档

办理完毕后,按规定进行登记,应将《内河通航水域安全作业备案书》等备案材料存档,证书、文书、证明类的材料留复印件归档。

(1)材料齐全合格,程序符合规范,办理情况登记清楚。

(2)印章使用正确、规范,台账记录、档案收集完整。

第8章　涉水工程前期海事安全保障措施

8.1　施工方案、安全及防污染责任制、保障措施和应急预案审查

施工单位编制施工方案的目的是为了制定合理的施工工艺、施工计划和施工工序，用于指导现场施工。制定组织机构与人员组成方案、施工技术方案、工程质量目标、安全管理措施、材料与后勤保障措施、环保措施等以建立完整的施工管理体系，力求实现工程项目优质、安全、高效、低耗并取得最大的经营效果，全面地完成施工任务。海事管理机构在施工方案的审查过程中要全面捋清工程整体安排，掌握工程的各个关键节点，结合工程进度安排，制定有针对性的安全监管措施，并监督施工单位落实各项安全保障措施。

制定安全及防污染责任制、保障措施与应急预案是施工单位落实国家“安全第一、预防为主、综合治理”安全生产方针的具体体现，是保障施工过程安全顺畅的前提条件。安全及防污染责任制、保障措施和应急预案审查是水上水下活动审批的重要环节。海事管理机构的主要职责是管理水上安全和防止船舶污染，为此开展施工方案、安全及防污染责任制、保障措施和应急预案审查是十分必要的。

河北海事局通过开展涉水工程施工方案、安全及防污染责任制、保障措施和应急预案审查及施工前会商，强化涉水工程建设单位、业主单位、施工单位等相关单位安全风险管控，取得了较好成效。

8.2　通航安全影响论证与评估有关要求落实情况

《中华人民共和国水上水下活动通航安全管理规定》指出对于需要立项的工程，在工程立项前交通运输主管部门应该按照职责组织通航安全影响论证审查，为此涉水工程建设单位应当在工程立项阶段委托具有相应资质的单位开展通航安全影响论证工作，编制通航安全影响论证报告，递交相关海事部门审查，并按照海事

部门审查意见进行修改完善，在工程建设期要认真落实海事部门提出的有关要求，降低工程对通航环境的影响。

8.3　“三同时”落实情况跟踪检查要点

建设项目“三同时”是指生产性基本建设项目中的劳动安全卫生设施必须符合国家规定的标准，必须与主体工程同时设计、同时施工、同时投入生产和使用，以确保建设项目竣工投产后，符合国家规定的劳动安全卫生标准，保障劳动者在生产过程中的安全与健康。“三同时”的要求是针对我国境内的新建、改建、扩建的基本建设项目、技术改造项目和引进的建设项目，它包括在我国境内建设的中外合资、中外合作和外商独资的建设项目。“三同时”生产经营单位安全生产的重要保障措施，是一种事前保障措施，是一种本质安全措施。涉水工程的建设应该严格按照“三同时”原则进行监督管理。

工程设计时应同时包含劳动安全卫生设施的设计方案，落实劳动安全卫生设施建设的责任制度，在通航安全影响论证与评估时应对劳动安全卫生设施的设计，施工建设，设施效能，设施的运行管理进行核实与评估，落实生产管理责任制度。

8.4　施工区域划定及施工船舶准入管理

1)施工区域的划定

(1)施工区域的申报与审批。根据《中华人民共和国水上水下活动通航安全管理规定》，进行水上水下施工，必须附图报经主管机关审核同意，并发布航行通告。

(2)施工安全作业区。施工前应根据施工情况，申请施工安全作业区，根据《中华人民共和国水上水下活动通航安全管理规定》规定，划定与施工作业相关的安全作业区必须报经海事局核准、公告，与施工无关的船舶、设施不得进入施工作业安全作业区，施工作业者不得擅自扩大施工作业安全区的范围。

安全作业区(或警戒区)的设置应尽可能地兼顾施工作业和通航安全两方面的要求，在满足施工作业的前提下，“安全作业区(或警戒区)”的设置应尽可能远离航道或范围要尽可能小。

但在实际施工过程中，施工作业区可能超出规划范围，给过往船舶的航行带来危险，因此应加强该区域的监管，尽量缩小施工作业区域范围，施工船舶应加强与过往船舶的联系，必要时暂停施工，以保证进出航道的船舶航行安全。

根据工程的特点，各施工单位应严格执行有关主管机关的有关规定，在海事监管部门的指导下，划定施工区域。严禁施工作业单位擅自扩大施工作业安全区，严禁无关船舶进入施工作业水域。

2）施工船舶的准入管理

施工船舶必须具有符合安全作业要求的资质，满足相关施工管理规定的要求，施工人员资质必须满足相关施工管理规定的要求。不能满足相关施工作业管理规定的施工船舶和船员应禁止其施工，工程业主单位应协助施工单位严格管理施工船舶和施工人员。

（1）工程建设单位应将施工船舶纳入涉水工程水上交通安全管理体系，进行统一管理；建立有关施工的各项水上交通安全管理制度。

（2）施工单位制定施工船舶统一管理方案：①施工单位对所有施工船舶信息进行统一登记管理，登记其船舶所有人及经营人信息、船舶证书、船舶联系方式、作业期间船长姓名及手机、作业船舶船员适任证书；②所有施工船舶每天定期向项目管理部报告船舶航行计划或作业计划、船舶位置及动态；③施工船舶定期向项目经理部通报安全适航情况；④项目经理部定期检查施工船舶安全生产条件和船员安全生产技能；对不符合安全生产条件的船舶要及时纠正缺陷，对不符合安全生产技能要求的船员要及时培训或更换。

8.5　安全风险保障费用

工程建设单位应把安全风险保障费纳入工程预算，为工程的安全管理提供足够的资金保障。该费用可主要用于安全教育培训，安全设施、设备投入，也用于事故应急和善后处理等。

中篇　水上水下活动施工期间监督管理

水上水下活动（涉水工程）现场监督管理是海事管理部门依据国家法律法规的有关规定所实施的行政措施，是水上水下活动海事管理的重要组成部分，旨在通过监督管理，督促作业相关单位落实安全主体责任，做好施工安全保障，规范施工现场作业秩序，维护水域良好的通航环境，促进水上水下活动顺利实施。

近年来，水上水下活动施工现场呈现出施工规模大、施工船舶多、施工水域广等特点，水上水下活动与通航安全之间矛盾越来越突出。海事管理机构如何对水上水下活动实施科学的监督管理，规范作业行为，达到既维护水上水下活动顺利实施，又保障通航安全稳定，有力促进港口生产运营和建设共同发展，成为水上水下活动管理的重要任务。

《中华人民共和国海上交通安全法》等法律、法规均对水上水下活动的监督管理进行了规定，而《中华人民共和国水上水下活动通航安全管理规定》（以下简称《规定》）对海事的监督管理行为进行了具体规定：海事管理机构应当建立涉水工程施工作业或活动现场监督检查制度，依法检查有关建设单位和施工作业单位所属船舶、设施、人员水上通航安全作业条件和采取的通航保障措施落实情况。有关单位和人员应当予以配合。

水上水下活动作业期间，各级海事机构应加强对建设单位和施工单位的管理、水上水下活动作业现场的管理、施工期间的安全维护保障和对违章违法行为进行处理通报等工作。

第 9 章　水上水下活动相关单位监督管理

依据《规定》，水上水下活动相关单位包括涉水工程建设单位、施工单位、业主单位和经营管理单位，《规定》的第十六条、第十七条、第十八条、第十九条、第二十一条、第二十二条对相关单位水上通航安全生产责任和职责分别有明确的规定。对水上水下活动相关单位的监督管理是水工监督管理的重要组成部分，属于对涉水工程的源头管理，做好相关单位的监督管理工作，将为涉水工程的监督管理工作奠定坚实的基础。

9.1　安全生产责任的落实

涉水工程的建设，带来了诸多安全隐患，但部分工程建成后却存在管理主体不明、安全责任制落实不到位的情况，如一些大桥，建成后就存在管理多头或管理主体不明的情况，导致安全隐患难以整改到位。广东“6・15”事故之后发生的多起船舶与大桥相撞事故，都不同程度地暴露了涉水工程建设与管理过程中安全主体责任不落实的问题。另外，随着《安全生产法》、《行政许可法》等一批新的法律、法规的颁布实施，也需要符合上位法的相关要求对水上水下活动的安全责任主体和管理职责进行明确。为此，交通运输部公布实施的《中华人民共和国水上水下活动通航安全管理规定》（以下简称“新《规定》”）相比原规定增加了多条有关水上水下活动安全生产的条款规定内容，新《规定》明确了涉水工程业主单位、建设单位、施工单位和经营管理单位，水上水下活动过程中施工单位和作业人员的安全责任和具体要求，也对海事管理机构的监督检查要求予以了明确规定，基本覆盖了水上水下活动各个时期、各个主体，构建了比较全面的安全责任链。从而突出了安全生产主体责任，旨在推动建设单位、施工单位，以及主办单位落实安全主体责任。

近年来，随着我国国民经济的快速发展，党和国家越来越重视国民经济的科学发展和安全发展。深入贯彻落实“安全第一、预防为主、综合治理”的方针和安全生产的法律法规，进一步加强对安全生产工作的领导，着力建立健全安全生产长效机制；强化安全生产管理和监督，着力落实企业主体责任和政府监管责任；加强机构和队伍建设，着力提高安全生产监管水平和行政执法能力；加大安全投入和科学技术推广应用，着力消除安全生产隐患和改善安全生产条件，为促进我国经济又好又快发展营造安全和谐环境。我国安全生产总原则和要求是要努力构建“政府统一领导、部门依法监管、企业全面负责、群众参与监督、社会广泛支持”的安全生产工作格局。

9.1.1　通航安全主体责任的落实

沿海、内河各类水上水下活动建设单位、施工单位、业主单位、经营管理单位和组织单位是工程通航安全的责任主体，应对本单位水上水下活动的通航安全承担责任，并对由于未履行通航安全责任导致的后果负责。

沿海、内河各类水上水下活动建设单位、施工单位、业主单位、经营管理单位和组织单位应建立健全本单位通航安全责任制度，明确各岗位的责任人员、责任内容和考核奖惩等事项，把安全责任落实到每一个岗位和每一名员工，形成完整的制度和责任体系，并严格实施。

沿海和内河各类水上水下活动建设单位、施工单位、业主单位、经营管理单位及组织单位的主要负责人是本单位安全生产的第一责任人，对落实本单位水上水下活动通航安全责任全面负责。

沿海、内河各类水上水下活动建设单位、施工单位、业主单位、经营管理单位和组织单位的通航安全责任主要包括以下内容：

(1)物质保障责任：①具备法律法规和国家标准、行业标准规定的安全生产条件；②保证依法履行建设项目安全设施“三同时”的规定；③依法为从业人员提供劳动防护用品，并指导、监督其正确使用。

(2)资金投入责任：①按规定提取和使用水上水下活动不同阶段通航安全维护费用，确保资金投入满足通航安全需要；②保证通航安全方面的教育培训资金投入。

(3)机构设置和人员配备责任：设置通航安全管理机构，配齐通航安全管理人员。

(4)规章制度建设责任：建立健全水上水下活动通航安全责任制和各项规章制度、操作规程，并将其一并纳入安全管理体系。

(5)教育培训责任：依法组织从业人员参加安全生产培训，取得相关上岗资格证书；开展安全生产宣传教育。

(6)安全管理责任：①加强通航安全管理；②定期开展安全检查；③及时消除事故隐患。

(7)事故报告和应急救援责任:①按规定报告水上交通安全事故;②及时开展事故应急演练和救援;③妥善处理事故善后工作。

(8)法律、法规规定的其他通航安全责任。

9.1.2 建设单位主体责任的落实

建设单位全面负责工程的建设安全,严格落实企业安全生产责任,保证工程的建设安全。

(1)在进行工程建设不同阶段的研究时,应充分听取海事管理机构的意见和建议。

对通航安全有影响的水上水下活动,在工程立项前应开展通航安全影响论证;认真分析工程建设对水域通航环境及船舶通航安全的永久性影响。经审查,严重影响水域通航环境及船舶通航安全的,应另行选址或重新设计;通过优化设计能够减轻或消除工程建设对水域通航环境及船舶通航安全影响的,应认真落实论证过程中提出的有关意见、建议以及各项安全和防污染保障措施。

(2)确保水上交通安全设施与主体工程同时设计、同时施工、同时投入生产和使用("三同时")。涉水工程建设项目水上交通安全设施"三同时"应达到以下要求:①建设项目设计单位在编制项目设计文件时,应同时编制水上交通安全设施的设计文件;②在编制建设项目投资计划和财务计划时,应将水上交通安全设施所需投资一并纳入概算,同时编报;③需要报经海事管理部门批准的建设项目,在报批时,应当同时报送水上交通安全设施设计文件;④在生产设备调试阶段,应同时对水上交通安全设施进行调试和检测,对其效果做出评价;⑤建设项目预验收时,应同时邀请海事管理机构对水上交通安全设施进行验收;建设项目竣工前应组织编写《通航安全报告》,并申请海事管理机构对《通航安全报告》进行核查;⑥涉水工程项目的设计单位应当对安全设施的设计负责。

(3)建立并不断完善工程项目安全管理体系,安全管理体系应涵盖工程建设不同阶段涉及的通航安全问题,明确建设、施工、经营管理单位的安全管理职责。

指定专人负责与海事管理机构保持联系。联系人应熟悉工程涉及水域及附近的通航环境,具备一定的航海、设计、管理类资历并经过海事管理机构组织的通航安全管理方面的专门培训。

(4)负责保持工程水域良好的通航环境,做好施工期与营运期通航安全维护工作。有关费用一并纳入工程概算和年度预算。

(5)建立健全水上交通安全管理体系,积极落实施工单位安全管理责任。

在招标文件中明确参与施工作业的船舶、浮动设施应具备的安全标准和条件,在工程招投标后督促施工单位落实施工过程中各项安全保障措施，将施工作业船舶、浮动设施及人员和为施工作业或活动服务的所有船舶纳入水上交通安全管理体系，并与施工单位签订安全生产责任书，检查、督促施工单位落实通航安全保障措施和防污染措施。未签订安全生产责任书或者未约定安全管理事项，发生水上交通安全事故的，由事故发生单位的实际控制人承担相应后果。

(6)涉水工程在建设期间对通航安全、防治船舶污染可能构成重大影响的，建设单位应当及时开展施工期通航安全评估，认真分析工程施工对水域通航环境及船舶通航安全的临时性影响。经评估，严重影响水域通航环境及船舶通航安全的，应重新制定施工方案；通过优化方案能够减轻或消除工程施工对水域通航环境及船舶通航安全影响的，应认真落实评估过程中提出的有关意见、建议以及各项安全和防污染保障措施，并落实施工期通航安全维护费用。

涉水工程项目立项期应充分考虑该项目对水上交通和通航环境造成的影响；建设期水上交通安全责任不落实、安全措施不到位的，不得颁发“水上水下活动许可证”。

(7)工程施工作业结束后运营前，应向海事管理机构提交涉及通航安全的通航安全报告，向海事管理机构申请项目通航安全核查。核查中发现存在有碍航行和作业的安全隐患的，海事管理机构将予以暂停或限制其投入使用。

9.1.3　施工单位主体责任的落实

(1)负责工程项目施工期的水上水下活动施工安全维护，对施工水域通航安全和施工安全负责。施工单位应制订施工安全保障方案，遵守国家安全作业和防火、防爆、防污染等有关法律法规，落实通航安全评估中提出的各项安全防范措施和对策，并做好施工与通航及其他有关水上交通安全的协调和现场安全维护工作。

(2)健全施工船舶安全管理体系：①施工单位不得雇用在海事管理机构公布的有效“黑名单”内的船舶参与施工；②施工单位要与为其服务的船舶签订安全责任书，将施工作业船舶和为施工作业服务的所有船舶纳入安全管理体系内进行管理。

(3)施工单位应当引导从业人员自觉遵守安全生产规章制度，拒绝违章作业；组织、鼓励从业人员参加安全生产教育培训，提出改进安全工作的建议。

施工单位应当加强安全生产宣传教育，不断提高从业人员的安全意识。积极弘扬企业安全文化，坚持以人为本，把安全生产放在第一位。

施工单位应制定从业人员安全生产教育培训计划，并按计划组织实施。施工单位从业人员安全生产教育培训的经费依据有关规定列支。

安全生产教育培训的内容和考核结果应当记入从业人员安全生产教育培训考核档案,未经安全生产培训合格的人员,不得参加施工作业。

(4)建立健全安全生产责任制,对参与施工、作业或活动的船舶、浮动设施及人员进行安全管理,不得指使、强令船舶、浮动设施和人员违章操作。

(5)确保在核定的施工专用水域内施工作业或者活动,并按事先制定的限定施工船舶或设施作业的气象、海况、水文条件进行作业,设立专职联络员与安全员,及时通报施工进度及计划,并保持工程水域良好的通航环境。夜间施工时应采取妥善措施遮蔽照明灯光,不得影响航标显示性能和船舶航行安全。

(6)设置、迁移施工辅助码头和其他水上设施以及进行其他相关的水域工程施工作业,应事先向海事管理机构申请办理有关审批手续,经批准后方可实施,并要保证有关设施保持适于从事有关活动的状态。

(7)按规范要求配备必要的安全设施或警戒船舶,制定相关的应急预案,对施工水域发生的突发事件进行抢险救助。

(8)禁止随意倾倒废弃物,禁止违章向水体投弃施工建筑垃圾、船舶垃圾,禁止违章排放船舶污染物、生活污水和其他有害物质;拟建码头施工完成后,负责清除其遗留在施工作业水域的碍航物体,并对工程水域进行水深扫测。

(9)施工及辅助船舶或水上设施应保持处于良好的适航状态,满足施工作业安全要求,按规定办理船舶进出港签证手续;按规定显示号灯号型,配备有效的通信设备,明确专人在指定的频道上守听。施工船严禁超载,施工淤泥必须到指定地点抛卸。

(10)施工单位不得擅自改变施工作业安全作业区的范围;需要改变的,应当报经海事管理机构重新核准公告。未经批准,与施工作业无关的船舶、设施不得进入施工安全作业区。

(11)及时向海事管理机构通报施工进度及计划。

9.1.4　海事监管职责

各级海事管理机构依法对辖区涉水工程建设单位、施工单位、业主单位和经营管理单位落实通航安全责任情况实施监督管理。

各级海事管理机构应当严格依照法定条件和程序实施海事行政许可事项。对不符合安全生产条件的,不得予以许可。发现未依法取得许可的单位擅自从事有关活动的,应当立即予以纠正。对已经依法取得许可的单位,发现其不再具备安全生产条件的,应当撤销原许可。

各级海事管理机构应当依据各自的职责,实施严格监管和有效指导,推动企业

安全生产责任落实到位,要督促和指导涉水工程建设单位、施工单位、业主单位和经营管理单位制定和落实通航安全生产责任制。

各级海事管理机构要建立涉水工程施工单位、施工船舶安全诚信制度和奖惩机制。对遵守安全规章制度、积极完善安全管理措施、安全记录良好的施工单位,要予以表扬和支持;对不服从管理以及发生安全事故的施工单位,要严肃处理,对存在重大安全隐患的施工项目要吊销施工单位"水上水下活动许可证",并予以公示。对自觉接受海事监管、安全记录良好的施工船舶,在网上建立"白名单",可适当延长安全检查周期,实行定期签证;对逃避海事监管、屡教不改、多次违法施工发生水上交通险情的施工船舶,在网上建立"黑名单"并通报有关单位,缩短安全检查周期,实行航次签证,严重的不允许参与施工。

各级海事管理机构应当建立专项监督检查、综合监督检查、联合执法检查以及举报案件查处等监督检查制度,及时督促企业排查事故隐患及做好整改,加强对生产经营单位落实安全生产责任情况的监督检查。对在监督检查过程中发生的下列情形予以通告并跟踪整改:

(1)施工过程中发生水上交通事故和船舶污染事故,造成人员伤亡和重大水域污染的。

(2)以不正当手段取得许可证并违法施工的。

(3)不服从管理,未按规定落实水上交通安全保障措施,存在重大通航安全隐患,拒不整改而强行施工的。

(4)不具备正常通航条件,拒不整改而强行运营的。

9.1.5　其他交通运输主管部门的职责

1)安全管理责任

要根据涉水工程对水上通航安全的影响情况制定相应的安全管理规定,加强水上交通秩序管理,并落实建设单位、业主单位、水运经营企业以及航行船舶的责任和义务。

2)监督检查责任

加强各类涉水工程建设期和建成后的水上交通安全监管,维护水上交通秩序;加强安全检查和日常巡查,注重过程监管,要严格要求涉水工程建设单位、业主单位,发现安全隐患及时督促施工单位和经营管理单位进行整改,对发现的重大问题要及时通报有关部门,对不具备安全生产条件的施工建设项目,要责令停工;严把涉水工程建设市场准入关,严肃查处建设单位、施工单位违规使用、雇佣不符合安全作业条件船舶参与水上施工作业。

3)事故隐患排查责任

加强隐患排查的督查工作,从源头上控制事故隐患。健全重大隐患公告公示、挂牌督办、跟踪治理和逐项整改销号制度,充分依靠和发动广大从业人员参与隐患排查治理,推进安全生产各项措施落实;对排查治理隐患不认真、走过场的单位予以公开曝光,限期整改,在整改期间不得继续施工;鼓励广大职工群众举报非法建设、非法生产、非法经营行为,形成全社会重视、支持和参与安全生产的良好氛围。

9.2　主体责任落实的监督检查

9.2.1　开展主体责任落实监督检查的依据内容和意义

海事机构是《规定》的行政主体,是全国水上水下活动通航安全管理的主管机关,在其规定中,海事机构不但享有一定的权利,同时也承担一定的义务,通过履行法定义务来实施海事行政职责。

相对于原来的水工管理规定,新《规定》的修改对各级海事管理机构依法对辖区涉水工程通航安全实施监督管理的对象、内容较以前发生了很大变化,海事的职责增加了内容。主要体现在:

(1)海事机关监管的对象的变化。在新《规定》实施以前海事机关着重体现对施工作业者、施工船舶和设施及其施工水域的通航安全管理,监管对象较狭义,而新《规定》则着重强调海事机关对建设单位、施工单位、业主单位、主办单位和经营管理单位的监管。如原规定第四章监督管理第十五条、第十七条规定施工作业者应该如何做,在本规定修改为建设单位、业主单位、主办单位如第二十四条建设单位或者主办单位应当设置相关的安全警示标志和配备必要的安全设施或者警戒船,切实落实通航安全评估中提出的各项安全防范措施和对策,并做好施工与通航及其他有关水上交通安全的协调工作。水上水下活动经海事管理机构核准公告设置安全作业区的,第二十五条建设单位、主办单位或者施工单位不得擅自改变施工作业安全作业区的范围等等,强调的是应直接对建设单位、主办单位进行监管,而再由建设单位、主办单位督促施工单位。

(2)海事机关管理内容的变化。以前着重体现的是涉水工程施工作业行为或活动的安全监管,而本规定不仅如此,还必须对建设单位、施工单位、业主单位、主办单位和经营管理单位落实安全责任实施监管。还要对涉水工程施工单位、施工船舶实行安全诚信监管等。如第三十一条规定,海事管理机构应当建立涉水工程施工单位水上交通安全诚信制度和奖惩机制。

(3)新增指导、督促落实安全责任制的海事职责。对建设单位、施工单位、业主单位、主办单位和经营管理单位落实涉水工程通航安全责任实施监管。

各级海事管理机构应当依据各自的职责,实施严格监管和有效指导,推动企业安全生产责任落实到位,要督促和指导涉水工程建设单位、施工单位、业主单位和经营管理单位制定和落实通航安全生产责任制。

各级海事管理机构应当建立专项监督检查、综合监督检查、联合执法检查以及举报案件查处等监督检查制度,及时督促企业排查事故隐患及做好整改,加强对生产经营单位落实安全生产责任情况的监督检查。

9.2.2　开展主体责任监督检查的方法

新《规定》明确了对涉水工程业主单位、建设单位、施工单位和经营管理单位以及水上水下活动过程中施工单位和作业人员的安全责任要求,明确了海事管理机构的监督检查要求,全面覆盖了水上水下活动的各个时期、各个阶段,全面构建了水上交通安全的责任链。但是,如何督促各单位有效地进行落实,需要海事管理机构在单位主体责任落实的监督检查方面制定相应的措施。

(1)海事主管机关应建立相应的监督检查制度,为监督检查工作提供制度保障。

(2)海事主管机关应对监督检查工作进行研究,建立具体监督检查的工作程序。

(3)海事主管机关应组建相应的监督检查执法队伍,对相关人员进行培训,使之适应监督检查的要求。

9.2.3　开展主体责任监督检查实例

为强化涉水工程监管的动静态结合,督促指导建设单位、施工单位有效落实安全生产主体责任,切实维护辖区港航工程建设施工安全形势稳定,河北海事局在总结以往监管经验的基础上,依据新《规定》中对海事监督检查的新的要求,创新实施了涉水工程安全责任落实监察工作。

(1)建立了开展涉水工程监督检查的工作制度。河北海事局印发了《关于开展港航工程安全责任落实监察工作的通知》,通知对监督检查工作给予了明确。

(2)组建了水工监督检查员队伍。

(3)建立了河北海事局涉水工程监察工作程序,具体内容如下:

河北海事局涉水工程监察工作程序

一、涉水工程监察对象主要为辖区内涉水工程涉及的建设单位、施工单位、业主单位、经营管理单位及其所属的人员和船舶。

上述所说的涉水工程是指需要立项的或不需要立项但对通航环境产生较大影响的勘探、疏浚类水上水下施工活动。

二、涉水工程监察按不同建设阶段,分为施工监察、核查运营监察。施工监察是对涉水工程施工期涉水工程建设单位、施工单位的安全责任落实情况的监察。核查运营监察是对涉水工程运营阶段涉水工程业主单位或运营单位的安全责任落实情况的监察。

施工监察和核查运营监察的内容详见《涉水工程安全责任落实监察记录簿》(见附件1)中的《涉水工程安全责任落实监察缺陷处理建议表》。

三、涉水工程建设、施工单位、业主单位、经营管理单位申请《水上水下活动许可证》或通航安全核查验收时,应同时申领《涉水工程安全责任落实监察记录簿》。

局各海事管理机构水工管理部门应及时将《涉水工程施工监察通知书》(见附件2)或《涉水工程核查运营监察通知书》下发至其所属相关海事处(办事处)或(及)执法支队(以下简称现场监管部门)。

现场监管部门应在3个工作日内制定出该涉水工程的监察计划,指定2名涉水工程监察员(以下简称监察员),并报备本单位水工管理部门。

四、监察工作的实施分为初步监察和详细监察,有下列情形之一的,应在初步监察基础上开展详细监察:

1. 取得水上水下活动许可证7日内的或通过核查一个月时间内的;

2. 三个月内未经海事管理机构详细检查的,被举报通航安全责任存在较大隐患的;

3. 发现在机构建设、责任制度、人员配置等方面存在明显缺陷的;

4. 上级海事管理机构要求进行详细监察的。

有下列情况之一的,应直接开展详细监察:

1. 近期发生海上安全事故的;

2. 近期受到海事管理机构行政处罚的;

3. 上级海事管理机构要求进行详细监察的。

五、监察员按照《涉水工程安全责任落实监察记录簿》相关内容实施监察,并依据有关法律、法规及规范性文件的要求,合理运用专业知识对存在的缺陷做出判断,在《涉水工程安全责任落实监察记录簿》中《涉水工程安全责任落实监察报告》

“处理意见”栏内签注以下一种或者几种处理意见：

（一）当天纠正；

（二）十四天内纠正；

（三）一个月内纠正；

（四）责令停止施工（通航）；

（五）吊销许可证；

（六）法律、行政法规规定的其他措施。

拟实施第（四）、（五）项措施前，监察员须先将有关情况报告本单位水工管理部门负责人。海事管理机构水工管理部门负责人在做出复核判断后，报主管领导批准后实施。停止施工（通航）措施的实施程序按行政处罚相关程序实施。

六、被监察单位有权对监察员提出的缺陷以及处理意见当场进行陈述和申辩。监察员应充分听取被监察单位意见。

被监察单位应当按照海事管理机构签发的《涉水工程安全责任落实监察记录簿》的要求，对存在的缺陷进行纠正，并申请复查。

七、监察员收到复查申请后应尽快开展。被监察单位申请解除停止施工（通航）措施的，监察员应将复查结果报告本单位水工管理部门负责人及主管领导同意后，在《涉水工程安全责任落实监察报告》“处理意见”栏内签注相应的缺陷处理代码。

八、监察员应及时解答被监察单位相关业务咨询，收集相关需求及困难，并积极协助解决。

九、监察员应具备必要的涉水工程监察知识和技能。各海事管理机构水工管理部门应积极参与、全程指导涉水工程监察工作。

辖区涉水工程建设、施工单位、业主单位、经营管理单位要积极配合监察工作的开展。

十、监察员实施监察工作中，应严格遵守海事廉政准则，违反者依照有关法律法规及相关规定严肃处理。

附件：1. 涉水工程安全责任落实监察记录簿

2. 涉水工程施工监察通知书

3. 涉水工程核查运营监察通知书（略）

附件 1

涉水工程安全责任落实监察记录簿

（2013 版）

河北海事局监制

涉水工程安全责任落实监察记录簿

编号：____________

项 目 名 称：____________

被监察单位：____________

核发机关(章)：____________

核 发 日 期：______年__月__日

涉水工程项目信息表
（施工期）（适用时填写）

建设单位　□　　　　施工单位　□

项目名称			
建设规模			
总平面部署 （通航安全部分）			
建设单位		法人代表	
施工单位1		法人代表	
施工单位2		法人代表	
施工单位3		法人代表	
单位安全负责人		联系方式	
单位安全部门负责人		联系方式	
指定安全员		联系方式	
水上水下活动许可证编号		航行警（通）告编号	
项目施工许可起始时间		变更事情 （海事部门签注）	
核准的施工船舶		变更事情 （海事部门签注）	
核准的安全作业区			

单位公章

单位安全负责人：

涉水工程项目信息表

（营运期）（适用时填写）

业主单位　□　　　　　经营管理单位　□

项目名称			
曾用名			
建设规模			
总平面布置（通航安全部分）及导助航设施			
建设单位		法人代表	
业主单位		法人代表	
运营管理单位		法人代表	
单位安全负责人		联系方式	
单位安全部门负责人		联系方式	
单位安全部门负责人		联系方式	
安全员		联系方式	
通航安全核查的核准文件（文号）		航行警（通）告编号	
申请通航安全核查的建设规模			
申请通航安全核查的总平面布置（通航安全部分）及导助航设施			

单位公章

单位负责人：

填表说明

一、处理代码与检查行动代码的说明

（一）缺陷处理代码

1. 代码01——立即纠正

该代码系缺陷处理代码，适用于：

（1）缺陷性质较轻，纠正不存在困难，能立即纠正；

（2）对于缺陷性质较严重，但尚未引起建设施工和港口通航的安全也可使用该代码。

2. 代码02——14天内纠正

该代码适用于性质轻微的缺陷，经过监察员的专业判断，认为不会立即对建设施工和港口通航的安全造成危害，并不需要立即纠正时，可以使用该代码16。

3. 代码03——一个月内纠正

与代码02情况类似，依据专业判断14天内不能整改的可使用该代码。

4. 代码10——缺陷已纠正

该代码用以表明缺陷已纠正。该代码不能单独使用。

5. 代码30——责令停止施工（通航）

该代码适用于严重危及建设施工和港口通航的安全、环境构成威胁的缺陷。

采用代码30时应综合考虑公司的整体状况，充分发挥监察员的专业判断，慎用该代码，避免造成单位的不适当停止施工（通航）。

6. 代码99——其他措施（文字说明）

该代码系缺陷处理代码。使用时必须用文字明确说明纠正的时间期限，以方便被监察单位的理解和其他海事主管机关的复查。

（二）检查行动代码

1. 行动代码40——本单位约谈、41——上级单位约谈、50——企业内部通报、51——属地通报、52——行业通报适用于对被检查单位实施处理意见为30时，根据30缺陷的严重程度则相应使用该行动代码。

2. 代码99——其他文字说明

该代码适用于在检查中发现被检查单位涉及违反我国相关法律法规，需要对其违法行为实施行政调查，采取行动代码99（行政调查）。

二、处理代码和检查行动代码的使用

对单位开展监察所发现的缺陷，监察员应根据缺陷的性质和严重程度，作出专业判断，对缺陷提出处理代码并填写在《涉水工程安全责任落实监察报告》中“处理意见”栏。处理代码不能同时使用。

当缺陷需要采取检查行动的，如40（本单位约谈），则应在报告下方的□中标注√。如缺陷涉及违反法律法规需要进行进一步行政调查的，可在报告下方添加“缺陷代码--99（行政调查）”的标注。

三、依据的填写

对于缺陷处理意见为30（滞留）的，检查人员应在《涉水工程安全责任落实监察报告》“依据”栏中写明规范的对应条款的索引。

涉水工程安全责任落实监察缺陷处理建议表

建设单位安全监察				
初步检查				
缺陷代码	缺陷项目	首选/备选	依据	备注
0101	未建立本单位工程安全管理体系、水上交通安全管理体系	02	指导意见第一条	
0102	未将砂石运输船纳入水上交通安全管理体系	01	五号令第十七条	
0103	未明确主要负责人是安全生产第一责任人	01	指导意见第一条	
0104	未与施工单位签订安全生产责任书	01	指导意见第二条	
0105	未设置通航安全管理机构或相关部门未落实通航管理职责	01/30	安全生产法第十九条	行政处罚,安全生产法第八十二条
0106	未配备足够的通航安全管理人员	01/30	安全生产法第十九条	
0107	未按照规定开展安全生产宣传教育	02	安全生产法第二十一条	
0108	未定期开展安全隐患排查	02	五号令第十六条	
0109	排查出的安全缺陷未及时整改消除	01	五号令第三十一条	
0110	未制定事故应急演练和救援计划,或未按计划实施	02	五号令第十八条	
详细检查				
缺陷代码	缺陷项目	首选/备选	依据	备注
0200	通航安全责任			
0201	各岗位的责任人员、责任内容和考核奖惩等事项不明确	01	指导意见第一条	
0202	安全责任未落实到岗位	01	指导意见第一条	
0210	通航环境维护			

续上表

缺陷代码	缺 陷 项 目	首选/备选	依 据	备 注
0211	未落实通航安全影响论证、通航安全评估中提出的有关意见、建议以及各项安全和防污染保障措施的落实	02	五号令第十八条	
0212	未做好施工期通航安全维护工作,未督促施工单位保持工程水域良好的通航环境	02	五号令第二十二条	
0220	物质保障责任			
0221	未依法履行建设项目安全设施“三同时”的规定	03	五号令第十九条	
0222	未依法为从业人员提供劳动防护用品,并指导、监督其正确使用	01/30	安全生产法第三十七条	行政处罚,安全生产法第八十二条
0230	资金投入责任			
0231	未按规定将通航安全维护费用纳入工程概算和年度预算,以确保资金投入满足通航安全需要	02/30	安全生产法第十八条	行政处罚,安全生产法第八十条
0232	未保证通航安全方面的教育培训资金投入	02	安全生产法第十八条,指导意见第一条	
0240	事故报告和应急救援责任			
0241	未按规定报告水上交通安全事故	01	安全生产法第十七条,五号令第二十九条	行政处罚,安全生产法第九十一条
0242	未妥善处理事故善后工作	01	指导意见第一条	
0250	工程安全管理体系			
0251	未涵盖工程建设不同阶段涉及的通航安全问题	03	五号令第十六条	
0252	未明确建设、施工、经营管理单位的安全管理职责	02	五号令第十六条	
0253	未指定专人负责与海事管理机构保持联系	01	五号令第十八条	

续上表

缺陷代码	缺陷项目	首选/备选	依据	备注
0254	指定专人不熟悉工程涉及水域及附近的通航环境，未具备一定的航海、设计、管理类资历，未经过海事管理机构组织的通航安全管理方面的专门培训	02	五号令第十八条	
0255	未保证从业人员具备必要的安全生产知识，熟悉有关的安全生产规章制度和安全操作规程	02/30	安全生产法第二十一条	行政处罚，安全生产法第八十二条
0260	水上交通安全管理体系			
0261	未在工程招投标后督促施工单位落实施工过程中各项安全保障措施，将施工作业船舶、浮动设施及人员和为施工作业或活动服务的所有船舶纳入水上交通安全管理体系	02	五号令第十七条	
0262		01		
0263	未检查、督促施工单位落实通航安全保障措施和防污染措施	02	五号令第十八条	
0270	通航安全核查			
0271	工程施工作业结束后运营前，未向海事管理机构提交通航安全报告	02	五号令第二十七条	
0299	其他			
施工单位安全监察				
初步检查				
缺陷代码	缺陷项目	首选/备选	依据	备注
0301	未建立本单位工程安全管理体系、水上交通安全管理体系	02	指导意见第一条	
0302	未明确主要负责人是安全生产第一责任人	01	指导意见第一条第三款	

续上表

缺陷代码	缺陷项目	首选/备选	依　据	备　注
0303	未依法为从业人员提供劳动防护用品,并指导、监督其正确使用	01/30	安全生产法第三十七条	行政处罚,安全生产法第八十二条
0304	未按规定提取和使用通航安全维护费用	02/30	安全生产法第十八条	行政处罚,安全生产法第八十条
0305	未保证通航安全方面的教育培训资金投入	02	安全生产法第十八条	
0306	未设置通航安全管理机构或相关部门未落实通航管理职责	01/30	安全生产法第十九条	行政处罚,安全生产法第八十二条
0307	未配备通航安全管理人员	01/30	安全生产法第十九条	
0308	未按照规定开展安全生产宣传教育	02	安全生产法第二十一条	
0309	未定期开展安全生产自查	02	五号令第十六条	
0310	未及时消除事故隐患	01	五号令第三十一条	
0311	未按规定报告水上交通安全事故	01	安全生产法第十七条,五号令第二十九条	行政处罚,安全生产法第九十一条
0312	未及时开展事故应急演练和救援	02	五号令第十八条	
0313	未妥善处理事故善后工作	01	指导意见第一条	
详细检查				
缺陷代码	缺陷项目	首选/备选	依　据	备　注
0410	施工水域通航安全和施工安全			
0411	未遵守国家安全作业和防火、防爆、防污染等有关法律法规	02/30	五号令第二十一条	五号令第三十条第一款第四项
0412	未落实通航安全评估中提出的各项安全防范措施和对策,做好施工与通航及其他有关水上交通安全的协调和现场安全维护工作	02/30	五号令第十八条	五号令第三十条第一款第二项

续上表

缺陷代码	缺 陷 项 目	首选/备选	依 据	备 注
0420	施工船舶安全管理体系			
0421	雇用在海事管理机构发出的“黑名单”内的船舶参与施工	30/01	五号令第十七条	五号令第三十条第一款第五项
0422	施工单位未与为其服务的船舶签订安全责任书,将参与施工作业的船舶纳入安全管理体系内进行管理	01	五号令第十七条	
0423	雇佣不符合准入标准的砂石运输船舶	01	五号令第十七条	
0430	安全生产教育培训			
0431	施工单位未引导从业人员自觉遵守安全生产规章制度,拒绝违章作业	02	指导意见第三条	
0432	未制定从业人员安全生产教育培训计划,并按计划组织实施	02	指导意见第三条	
0433	施工单位未对从业人员安全生产教育培训的经费列支	02	指导意见第三条	
0434	安全生产教育培训的内容和考核结果未记入从业人员安全生产教育培训考核档案	02	指导意见第三条	
0435	未经安全生产培训合格的人员,参加施工作业	01	指导意见第三条	
0440	安全生产责任制			
0441	未建立健全安全生产责任制,对参与施工、作业或活动的船舶、浮动设施及人员进行安全管理	30/01	五号令第十七条	五号令第三十条
0442	安全责任未落实到每个岗位和每名员工	01	指导意见第一条	
0443	各岗位的责任人员、责任内容和考核奖惩等事项不明确	01	指导意见第一条	

续上表

缺陷代码	缺陷项目	首选/备选	依据	备注
0444	未保证从业人员具备必要的安全生产知识，熟悉有关的安全生产规章制度和安全操作规程	02/30	安全生产法第二十一条	行政处罚，安全生产法第八十二条
0445	指使、强令船舶、浮动设施和人员违章操作	30/01	五号令第二十一条	五号令第三十条
0450	施工作业			
0451	未在核定的施工水域内作业	01/30	五号令第二十三条	五号令第三十四条（罚款、停工）
0452	未按事先制定的限定施工船舶或设施作业的气象、水文条件进行作业	01	五号令第二十一条	
0453	未设立专职安全员、联络员，未及时向海事管理机构通报施工进度及计划，未保持工程水域良好的通航环境	01	五号令第二十三条	
0454	夜间施工时未采取妥善措施遮蔽照明灯光，影响航标显示性能和船舶航行安全	01	五号令第二十三条	
0455	设置、迁移施工辅助码头和其他水上设施以及进行其他相关的水域工程施工作业，未事先向海事管理机构申请办理有关审批手续，未保证有关设施保持适于从事有关活动的状态	30/01	五号令第五条	五号令第三十三条（罚款、停工）
0456	未按规范要求配备必要的安全设施或警戒船舶	01	五号令第二十四条	五号令第三十条，唐山市2007（1）号令罚款
0457	未制定相关的应急预案，未对施工水域发生的突发事件进行抢险救助	02	五号令第二十一条	

续上表

缺陷代码	缺陷项目	首选/备选	依　据	备　注
0458	违章向水域投弃施工建筑垃圾、船舶垃圾，违章排放船舶污染物、生活污水和其他有害物质	30/01	五号令第二十三条	海洋环境保护法第五十八条、第六十条罚款
0459	施工完成后，未清除其遗留在施工作业水域的碍航物体，并对工程水域进行水深扫测	30/01	五号令第二十六条	五号令第二十七条
0460	施工及辅助船舶或水上设施未保持处于良好的适航状态；不满足施工作业安全要求，未按规定办理船舶进出港签证手续	01	五号令第二十三条	八号令四十三条罚款
0461	施工船未按规定显示号灯号型，配备有效的通信设备，明确专人在指定的频道上守听	01	五号令第二十三条	未按规定守听八号令三十七条罚款
0462	施工船超载，疏浚物等因施工产生废弃物未到指定地点抛卸	30/01	五号令第二十三条	海洋环境保护法第五十八条，八号令三十七条罚款，唐山市2007(1)号令五十条罚款
0463	施工单位擅自改变施工安全作业区的范围			
0464	需要改变安全作业区的，未报经海事管理机构重新核准公告	30/01	五号令第二十四条	五号令第三十四条停工、罚款
0465	未经批准，与施工作业无关的船舶、设施进入施工安全作业区	30/01	五号令第二十五条	五号令第三十四条停工、罚款
0466	未及时向海事管理机构通报施工进度及计划	01	五号令第二十三条	
0467	其他			

涉水工程安全责任落实监察记录

编号	监察时间	缺陷数	检查类型	监察机构	监察人员
01					
02					
03					
04					
05					
06					
07					
08					
09					
10					

涉水工程安全责任落实监察报告

项目名称:________________________________

监察单位:________________________________

被监察单位:________________________________

安全负责人姓名:______________　监察日期:______________

缺陷代码	缺陷描述	处理意见	备注

□　初步检查　　　　□　详细检查

安全负责人签名:______________监察员:______________

复查签注:

处理代码:01 立即纠正　02 十四天内纠正　03 一个月内纠正　10 缺陷已纠正
30 责令停止施工(通航)　99 其他措施(文字说明)

行动建议代码:40 本单位约谈　41 上级单位约谈　50 企业内部通报
51 属地通报　52 行业通报　99 其他文字说明

附件 2

涉水工程施工监察通知书

<table>
<tr><td>项目名称</td><td colspan="4"></td></tr>
<tr><td rowspan="2">建设单位</td><td>名称</td><td colspan="3"></td></tr>
<tr><td>安全负责人</td><td></td><td>联系电话</td><td></td></tr>
<tr><td rowspan="2">施工单位</td><td>名称</td><td colspan="3"></td></tr>
<tr><td>安全负责人</td><td></td><td>联系电话</td><td></td></tr>
<tr><td>建设内容</td><td colspan="4"></td></tr>
<tr><td>工程地点</td><td colspan="4"></td></tr>
<tr><td>总投资</td><td colspan="4"></td></tr>
<tr><td>占用岸线长度</td><td colspan="4"></td></tr>
<tr><td>施工起止日期</td><td>开始日期</td><td></td><td>拟结束日期</td><td></td></tr>
<tr><td>审核通过
施工船舶名称</td><td colspan="4"></td></tr>
<tr><td>施工安全员</td><td colspan="4"></td></tr>
<tr><td>监察要求</td><td colspan="4"></td></tr>
</table>

9.3　施工单位诚信管理

9.3.1　实施诚信管理的依据和意义

相对于原来的水工管理规定，新《规定》对各级海事管理机构依法对辖区涉水工程通航安全实施监督管理的方式较以前发生了很大变化，对海事管理方式也提出了相应的要求。

由于在管理对象、内容的变化，这要求海事机关的管理方式发生变化，不局限于以前施工作业许可、现场检查、处罚等传统简单管理方式，而更强调须采用体系管理、诚信管理和通航安全风险评估、专家咨询论证等多种管理方式。

所以，在管理方式上要求建立安全诚信制度。各级海事管理机构要建立涉水工程施工单位、施工船舶安全诚信制度和奖惩机制。对遵守安全规章制度、积极完善安全管理措施、安全记录良好的施工单位，要予以表扬和支持；对不服从管理以及发生安全事故的施工单位，要严肃处理，对存在重大安全隐患的施工项目吊销施工单位“水上水下活动许可证”，并予以公开。对自觉接受海事监管、安全记录良好的施工船舶，在网上建立“白名单”，可适当延长安全检查周期，实行定期签证；对逃避海事监管、屡教不改、多次违法施工发生水上交通险情的施工船舶，在网上建立“黑名单”并通报有关单位，缩短安全检查周期，实行航次签证，必要时不允许其参与施工。

海事管理机构在海事管理中，建立和完善一套适合施工单位特点的安全诚信管理制度，是一项对经济、对社会、对企业都具有重要意义的工作，也是海事系统对企业信用体系建设工作的进一步拓展和深化，这项工作意义深远。

9.3.2　实施诚信管理的方法

信誉等级评定工作是推动施工单位诚信经营、守法施工的前提和基础。应建立科学的评定工作制度，对具备从业资质的施工单位进行信誉评定，对及时办理各类作业手续、有效管理施工船舶等方面工作突出的施工单位给予较高信誉等级，并据此依次划分若干等级，每年对评定情况进行公布，同时依法对不同信誉等级的施工单位实行不同层次的监管，从而在一定程度上起到表彰先进、鞭策落后的作用，进而引导施工单位安全文明施工，积极营造良好的安全施工氛围，维护水上安全形势稳定。

9.3.3 诚信管理的实施

1)指导思想

以科学发展观为指导,牢固树立安全发展、以人为本的理念。贯彻落实《中华人民共和国水上水下活动通航安全管理规定》要求,围绕“以评促改、以改促优”的基本思路,加强河北海事局辖区水域水上水下活动安全监督管理工作,建立安全诚信管理机制,努力引导建设单位、施工单位安全文明施工,积极营造良好的安全施工氛围,维护水上安全形势稳定。

2)评定活动目标

各海事管理机构做好本辖区涉水工程施工单位信誉等级评定、公布和诚信管理工作。通过对施工单位的信誉评定,强化对施工单位安全管理,掌握辖区各施工单位管理状况,针对当前辖区涉水工程多、施工周期长、恶劣气象频繁的特点,指导帮扶相关单位进一步落实安全生产主体责任,营造安全和谐施工氛围。各施工单位结合此次信誉评定活动,提高安全责任意识,加大力度做好各项安全管理工作,形成安全责任落实明确,各项措施布置到位,施工安全得到保障,施工秩序和谐有序的良好局面。

3)评定原则与评定规则

(1)评定原则:信誉评定坚持依法、公正、公开的原则,坚持以国内相关法律、法规、规范等为主要依据,切实做到评选先进、鼓励优秀、查摆缺陷、达标提高。直属海事局负责指导督促各单位进行信誉评定工作,各分支海事管理机构对在辖区取得水上水下活动资格、施工作业时间超过三个月且主动提出申请的单位进行评定。

(2)评定规则:

A. 级别划分

信誉级别分为良好、合格、不合格三级,其中良好为最高级。参评单位基准分数均为60分,在一个评定周期内分数值达到80分(含80分)以上,评为良好级;分数60分(含60分)至79分为合格级;分数60分以下为不合格级。信誉级别评定周期为3个月。

B. 等级评定

a. 施工单位有以下情况之一的信誉级别直接定为不合格级:

(a)未申请参加信誉等级评定的;

(b)未按规定办理水上水下活动许可证或未按规定办理许可证变更或延期手续的;

(c)上一评定周期内发生海上交通事故或污染事故的；

(d)雇佣、使用“内河”、“三无”船舶进行施工的、收购内河、三无船舶运输砂石料的；

(e)所用船舶存在两个签证周期未按时办理船舶定期签证的；

(f)该单位有三分之一船舶存在严重缺陷，或有一艘次船舶被滞留的；

(g)该单位所属工程在一个评定周期内有两起及以上海事行政处罚的；

(h)隐瞒实情或向海事管理机构提供虚假信息的；

(i)有阻挠、拖延等不配合海事管理机构实施现场检查的等；

b. 信誉等级评分

(a)施工单位相关作业航行通(警)申请发布情况，在规定时限内申请发布 +(1 ~5)分，未按时申请 -5 分；

(b)施工单位水上水下活动许可相关要求落实情况，符合要求 +5 分，基本符合 +(1 ~4)，不符合 -5 分；

(c)施工单位各项应急预案、责任制、内部自查等文书的制定和落实情况，符合要求 +(1 ~5)分，基本符合 +(1 ~4)分，不符合 -5 分；

(d)现场检查人员对参与施工单位、船舶、船员评分，符合要求 +5 分，基本符合 +(1 ~4)分，不符合 -5 分；

(e)上一年度施工单位所用船舶的船舶安全检查中平均缺陷数；(15 项以上为 -5，10 项以上 15 项以下为 0，7 项以下为 +5)；

(f)施工区域内的船舶办理船舶定期签证情况，及时办理 +(1 ~5)分，未按时办理 -5 分；

(g)施工区域内是否存在无关船舶、“内河”、“三无”船舶，施工区域清爽不存在以上船舶的 +5 分，存在与本项目无关的上述船舶并已向主管机关报告的 +(1 ~4)分，存在且未报告的 -5 分；

(h)违法、违章记录，在记分周期内施工单位、施工船舶、船员被行政处罚的，每次 -5 分；没有处罚记录的 +5 分；

(i)评审组整体意见，认为良好的 +(1 ~5)分，较差的 -(1 ~5)分。

附件：1. 涉水工程施工单位信誉评定申报表

2. 安全管理承诺书

3. 信誉管理登记表

附件1

涉水工程施工单位信誉评定申报表

<table>
<tr><td colspan="5">施工单位基本信息</td></tr>
<tr><td colspan="2">单位名称</td><td colspan="3"></td></tr>
<tr><td colspan="2">单位地址</td><td colspan="3"></td></tr>
<tr><td colspan="2">单位法人代表</td><td></td><td>联系电话</td><td></td></tr>
<tr><td colspan="3" rowspan="2">是否存在直接定为不合格级单位情况</td><td>是</td><td>否</td></tr>
<tr><td></td><td></td></tr>
<tr><td colspan="5">其　　他</td></tr>
</table>

<table>
<tr><td>序号</td><td>项　　目</td><td colspan="3">得　　分</td></tr>
<tr><td>1</td><td>施工单位相关作业航行通(警)申请发布情况</td><td></td><td></td><td></td></tr>
<tr><td>2</td><td>施工单位水上水下活动许可相关要求落实情况</td><td></td><td></td><td></td></tr>
<tr><td>3</td><td>施工单位各项应急预案、责任制、内部自查等文书的制定和落实情况</td><td></td><td></td><td></td></tr>
<tr><td>4</td><td>现场检查人员对参与施工单位、船舶、船员评分</td><td></td><td></td><td></td></tr>
<tr><td>5</td><td>上一年度施工单位所用船舶的船舶安全检查中平均缺陷数</td><td></td><td></td><td></td></tr>
<tr><td>6</td><td>施工区域内的船舶办理船舶定期签证情况</td><td></td><td></td><td></td></tr>
<tr><td>7</td><td>施工区域内是否存在无关船舶、“内河”、“三无”船舶</td><td></td><td></td><td></td></tr>
<tr><td>8</td><td>违法、违章记录,在记分周期内施工单位、施工船舶、船员被行政处罚的</td><td></td><td></td><td></td></tr>
<tr><td colspan="5">评估人员诚信度总体评价:

评估组成员签字:
年　　月　　日</td></tr>
</table>

评选意见	年 月 日
审批意见	年 月 日

附件2

安全管理承诺书

为提高施工单位的船舶安全与防污染管理水平，维护水上水下施工作业秩序，增强施工作业单位责任管理意识，根据《中华人民共和国海上交通安全法》、《中华人民共和国海洋环境保护法》、《中华人民共和国水上水下活动通航安全管理规定》等法律、行政法规以及我国缔结或者加入的相关国际公约的有关规定，________________（单位名称）承诺：

一、本单位法定负责人____________（姓名）为本单位施工作业安全第一责任人。

二、设置船舶管理科室____________（科室名称）实施船舶安全和防污染专项管理工作，指定____________（姓名）专门负责本单位该项工作。

三、我单位在项目施工作业开始前将拟用船舶资料及基本状况上报(填写海事管理机构名称)，并及时申报船舶变化情况，自觉接受监督检查。

四、新到港施工船舶，在办理进港签证并获得《水上水下活动许可证》后方参与现场作业。

五、相关手续办理完毕后，施工船舶进入指定的施工区域并在开工前主动接受海事部门的现场检查，检查合格后开始施工。

六、施工作业工程中，所属施工船舶按时办理船舶定期签证和船舶安全检查。

七、我单位施工船舶主动接受并积极配合海事部门的各项专项检查活动，如发现缺陷在及时整改的同时，积极配合海事部门进行调查处理。

八、在施工作业过程中，如出现增减施工船舶情况，及时到海事部门办理《水上水下活动许可证》的变更手续。

九、确保施工船舶在《水上水下活动许可证》规定的范围和时效内从事各项施工作业。

十、保证进入施工区域的施工船舶为处于适航状态的合格船舶。

十一、保证不雇佣、不使用非法内河船舶和“三无”船舶进行施工作业，不购买非法内河船和“三无”船运输的砂石料。

十二、保证本单位施工船舶上的消防、救生、防污染等设备符合国家船舶安全与救生的法规及标准，并确保该设施运行正常。

十三、建立健全施工安全管理规章制度，制定各项应急预案，并采取切实有效措施防止船舶安全事故发生。一旦发生事故，将立即报告相关部门。

十四、建立施工船舶管理档案及台账，定期检查清点船舶相关文书是否符合要求。

十五、建立、健全安全与防污染管理制度，保障船舶安全，防止船舶污染水域环境。

十六、对本单位的船员进行有关法律、法规、规章、专业技术、安全防护和应急响应等知识的培训教育，并做到持证上岗。

十七、我单位承诺认真履行上述责任，自觉接受海事管理部门的监督。

单位(公章)：

项目负责人(签字)：　　　　电　话：

安全主管(签字)：　　　　电　话：

日　期：　　　年　　　月　　　日

附件 3

信誉管理登记表

序号	施工单位名称	分数	信誉等级	登记日期	原信誉等级	备注
1						
2						
3						
4						
5						
6						
7						
8						
9						
10						
11						
12						
13						

第 10 章　水上水下活动施工现场监督检查

在海事管理庞大的业务体系中，对水上水下活动通航安全管理是海事管理机关实施海事管理职权的重要组成部分，本章所述的海事监督，是指涉水工程的施工阶段或水上水下活动实施阶段的监督管理行为。《中华人民共和国水上水下活动通航安全管理规定》（以下简称《规定》）指出海事管理机构应当建立涉水工程施工作业或活动现场监督检查制度，依法检查有关建设单位和施工作业单位所属船舶、设施、人员水上通航安全作业条件和采取的通航保障措施落实情况。

10.1　现场监督检查内容和形式

10.1.1　检查内容

1）施工水域的检查主要内容

（1）施工单位、施工船舶、作业水域位置、施工内容、施工期限是否与核发的《许可证》内容一致。如发生变更应及时督促施工单位到审批部门办理相应手续；需延期的，应督促施工单位在到期前 7 日，到审批部门办理延期手续。

（2）施工安全措施、应急预案、防污染措施是否落实，警示标志及警戒船舶是否到位，是否有专人进行 24 小时值班、守听指定频道，施工船、警戒船和过往船舶的通信联系是否通畅。

（3）施工现场组织管理是否规范，现场船舶、设施的航行、停泊、作业秩序是否混乱，对过往船舶的航行安全是否产生影响，施工过程中是否留有碍航物，是否有随意倾倒废弃物的现象。

（4）船舶、设施的号灯、号型设备是否处于良好可用状态，白天显示的号型、夜间显示的号灯是否正确；施工船舶固定的钢丝缆绳是否按规定显示信号（白天红旗、夜间红灯显示缆绳方向）；夜间照明灯具对过往船舶航行是否产生影响；施工人员是否按规定穿救生衣。

（5）了解施工作业的进度及下一阶段施工作业的方案、重点及难点。

2)施工船舶的安全检查内容

(1)施工船舶是否是许可证核定的施工船舶,是否已按规定办理报港签证等海事业务。

(2)检查施工船舶各种证书是否有效,是否在核定的航区、核定的用途内,消防、救生设备是否有效,船舶安全检查的缺陷是否已纠正,船员适任证书是否有效,是否按规定配备船员。

(3)其他法律、法规及海事规章规定的内容。

10.1.2　检查形式

监督检查的形式主要分为两种,一种是单独执法行动,单独执法行动是海事开展执法监督的主要形式,具体是海事监管部门依据本部门的职责开展执法监督行为。另一种是联合执法。根据联合执法的对象不同又分为单位内部多处室联合执法、与相邻单位联合执法和涉海多部门联合执法。多处室联合执法主要是由于海事机构内部存在多个不同业务的部门,在开展重大涉水工程的检查中,有时候需要通航、危防、船舶等部门参与执法,这样就会组建海事机构内部联合执法队伍联合开展一次或一项执法行动。与相邻单位联合执法主要是在涉水工程的位置跨辖区时或者是在施工船舶、砂石运输船舶的航线跨辖区时采取的联合执法形式。涉海部门联合执法是指在处置涉水工程和施工船舶的处置涉及多个部门时或者是海事单个执法力量无法采取有效措施时采取的由海事、边防、海警、公安、安监等部门参与的联合执法行动。与建设单位、施工单位联合执法行动主要是检查建设、施工单位层层落实情况,便于现场发现问题及时进行处置。

1)与地方政府有关职能部门的联合行动

包括:积极配合地方政府开展打击非法盗采、运输、买卖砂石的违法行为;其他非法、违法行为涉及地方政府有关职能部门管理职责的行动;需其他部门协助强制执行的行动。

与有关地方政府职能部门开展的水上联合巡查行动,应向地方政府提出请示或联系相关职能部门,阐明开展联合行动的必要性和重要意义。协商一致后,拟定联合巡查行动方案,对联合行动的时间、路线、人员、内容等事项做出安排。联合行动时间较长或认为必要,可通过签订联合行动协议的方式,固化联合行动有关要求。行动结束后,写出联合行动报告,对行动进行总结评估,留存档案记录。

2)各海事管理机构联合行动

包括:非法、违法行为涉及其他海事管理机构管理职责的;因施工需要,施工船舶需超出管辖水域从事与工程建设相关作业的;需其他海事管理机构协助以强化管理力度的。

通过与拟开展联合行动的海事管理机构协商,阐明开展联合行动的必要性和重要意义。协商一致后,拟定联合巡查行动方案,对联合行动的时间、路线、人员、内容等事项做出安排。联合行动时间较长或认为必要,可通过签订联合行动协议的方式,固化联合行动有关要求。行动结束后,写出联合行动报告,对行动进行总结评估,留存档案记录。

3)与建设单位、施工单位的联合行动

包括:立项的涉水工程或者海事管理机构认为有必要的;存在较大安全隐患和事故风险的;其他有必要开展联合行动的情况。

与建设单位、施工单位开展的联合行动原则上每月实施一次,由海事管理机构水工管理部门负责组织。与建设单位、施工单位开展的联合行动,重点对安全生产主体责任的落实情况进行检查,具体包括水上交通安全设施配备、项目安全管理体系和应急预案落实情况以及安全生产教育培训等。行动结束后,参与联合行动的执法人员应对现场发现的问题进行汇总整理,反馈给涉水工程施工单位,督促其及时整改。现场检查记录和施工单位整改情况应留存档案。

10.2　现场监督检查程序与标准

根据施工作业的规模、对通航安全影响的程度、施工单位要求、安全维护方案或维护守护要求,制定现场监管和巡视计划。检查时严格依照《涉水工程现场监管和巡视检查表》,进行现场监督检查、安全维护和守护,并做好台账记录。进行现场监督检查、安全维护和守护时,应及时做好拍照、摄像等现场取证工作,作为资料保存。对在现场监督检查中发现的问题,可以当场整改的,要求其立即整改,并注意做好记录;需要限期整改的,应制作书面整改通知书,要求施工单位限期整改;需要停止施工作业的,应及时上报批准后,按法定程序停止其施工作业。

10.2.1　计划和准备

各现场监管部门根据辖区水上水下活动的规模、对通航安全影响的程度等情况,制定水上水下活动现场检查计划,确定现场检查重点内容,合理安排现场执法船艇、车辆和人员开展现场监督检查工作。

人员的配备:每次现场监管要求由2~3名持有执法证的现场监督员进行。巡视人员应按要求着装。

监管用工具及材料的准备:每次监管出发前由负责此次监管任务的人员检查

监管用工具及用品的配备情况。所需用品如下：摄像机、照相机、望远镜、现场监管记录本及与此次监管任务有关的其他物品。所需材料包括：近期接收到的船舶肇事逃逸协查书、有关辖区内水上水下施工作业的航行通（警）告等。

了解辖区当日水文气象情况，包括风向和风力、潮时和潮高、能见度等。

10.2.2　施工现场监管检查

1）初步检查

（1）施工船舶。船舶是否超载，船体外观是否有明显缺陷，船舶是否在驾驶室两侧或顶部醒目位置悬挂所属建设、施工单位统一制作、统一标准的项目部铭牌、船名牌和旗帜。船舶、设施的号灯、号型设备是否处于良好可用状态，白天显示的号型、夜间显示的号灯是否正确；施工船舶固定的钢丝缆绳是否按规定显示信号（白天红旗、夜间红灯显示缆绳方向）；夜间照明灯具对过往船舶航行是否产生影响。

（2）施工总体秩序。施工现场组织管理是否规范，现场船舶、设施的航行、停泊、作业秩序是否混乱，对过往船舶的航行安全是否产生影响，施工过程中是否留有碍航物，施工人员是否穿戴救生衣，是否有无关船舶进入作业区。

（3）施工水域防污染。施工现场水域是否有油污染、垃圾污染，是否有随意倾倒废弃物的现象。

2）详细检查

（1）施工许可查验：①施工项目、施工单位、施工船舶是否经过审批得到水上水下活动许可证；②施工单位、施工船舶、施工时间、施工内容、施工区域是否与水上水下活动许可证中核准的范围保持一致；如发生变更应及时督促施工单位到审批部门办理相应手续；需延期的，应督促施工单位在到期前 20 日，到审批部门办理延期手续；③水上水下活动是否按规定发布航行警（通）告。

（2）施工船舶监管：①施工船舶是否已按规定办理签证手续，船舶进行港内安全作业及防污染相关作业活动是否办理相关审批手续并符合相关规定；②检查施工船舶各种证书是否有效，是否在核定的航区、核定的用途内，消防、救生设备是否有效，船舶安全检查的缺陷是否已纠正，船员适任证书是否有效，是否按规定配备船员，船员实操能力和适任情况；③施工船舶施工安全措施、应急预案、防污染措施是否落实，警示标志及警戒船舶是否到位，现场作业船舶或警戒船是否配备有效的通信设备，是否有专人进行 24 小时值班、守听指定频道，施工船、警戒船和过往船舶的通信联系是否通畅；④施工船舶的船体状况、航行设备、救生消防设备、防污染设备、通信设备等是否符合要求；⑤其他法律、法规及海事规章规定的内容。

(3)恶劣天气应对:①应急联络机制,项目与各分包单位的信息沟通,恶劣天气信息是否传达至各施工船舶;②在大风、大雾等恶劣天气期间是否冒险航行、施工;③施工船舶、人员是否按预案应对恶劣天气。

10.2.3　缺陷或有关问题的处理

船舶作业未按规定进行审批、审核或备案的,或不具备安全作业条件的,应责令其立即停止作业,并按有关规定进行处理。

对于在现场检查中发现的问题,可以当场整改的,应由现场监管部门责令其立即整改;不能当场整改的,责令其限期整改;需要约谈施工单位的,应及时与审批部门联系,按《涉水工程建设安全管理约谈工作程序》进行约谈;需要停止施工作业的,应及时与审批部门联系,制定出实施方案,按法定程序责令其停止其施工作业。

发现船舶、有关单位和人员存在违法行为,应立即加以制止或予以纠正;构成违章的按照行政处罚程序的有关规定做出相应的处理。

现场监督人员在检查过程中发现船舶发生污染事故或水上交通事故,应立即采取相应措施进行现场处置,控制事态的发展,防止扩大,并及时报告,积极做好事故调查处理的相关工作。

10.2.4　现场监督检查的要求

各检查单位应根据施工作业的规模、对通航安全影响的程度、施工单位要求、安全维护方案或维护守护要求,合理安排海事巡逻艇定期或不定期巡查施工作业水域,进行现场监督检查、安全维护和守护,一般对施工现场陆上巡视每天一次,海上施工现场巡航每周两次,并做好现场巡查、维护、守护的台账记录。

进行现场监督检查、安全维护和守护时,应及时做好拍照、摄像等现场取证工作,作为资料保存。

检查时对照《涉水工程现场监管和巡视计划表》(附件1)和《涉水工程现场监管和巡视检查表》(附件2)逐一进行。

应本着先一般监管检查后详细检查的原则,依据已掌握的有关信息和一般监管检查发现的相关问题、形成的总体印象,综合分析判断,决定是否开展详细检查。如无明显缺陷,不得随意开展详细检查。

充分考虑船舶现场监督检查工作与船舶签证、船舶作业审批、安全检查等海事工作的配合与衔接、与港口管理等部门的联系与合作,避免工作交叉、重复、脱节等问题的发生。

附件 1

涉水工程现场监管和巡视计划表

<table>
<tr><td>巡查人员</td><td></td><td>巡查车艇</td><td></td><td>编号</td><td></td></tr>
<tr><td>巡查时间</td><td></td><td>气象海况</td><td></td><td>拟查工程</td><td></td></tr>
<tr><td rowspan="4">巡查类别</td><td>例行检查</td><td colspan="4">□</td></tr>
<tr><td>专项活动</td><td colspan="4">□</td></tr>
<tr><td>接到举报</td><td colspan="4">□</td></tr>
<tr><td>其他</td><td colspan="4">□</td></tr>
<tr><td rowspan="6">巡视情况</td><td>巡视区域</td><td colspan="4">处　　理</td></tr>
<tr><td>（预设）</td><td colspan="4">□</td></tr>
<tr><td></td><td colspan="4">□</td></tr>
<tr><td></td><td colspan="4">□</td></tr>
<tr><td></td><td colspan="4">□</td></tr>
<tr><td></td><td colspan="4">□</td></tr>
<tr><td rowspan="10">执法准备</td><td>物品</td><td colspan="4">处　　理</td></tr>
<tr><td>执法证</td><td colspan="4">□</td></tr>
<tr><td>着装</td><td colspan="4">□</td></tr>
<tr><td>录音笔</td><td colspan="4">□</td></tr>
<tr><td>摄像机</td><td colspan="4">□</td></tr>
<tr><td>照相机</td><td colspan="4">□</td></tr>
<tr><td>望远镜</td><td colspan="4">□</td></tr>
<tr><td>监管通知书</td><td colspan="4">□</td></tr>
<tr><td>协查通知书</td><td colspan="4">□</td></tr>
<tr><td>其他</td><td colspan="4"></td></tr>
<tr><td colspan="6">巡查人员签名：</td></tr>
<tr><td colspan="6">海事处领导签字：</td></tr>
<tr><td colspan="6">备注:适用的项目在相应□内标记“√”,不适用项目在□中标记“—”</td></tr>
</table>

附件2

涉水工程现场监管和巡视检查表

检查单位：　　　　　　　　　　　　　　　时间：　　　　　　　　编号：

工程名称		
施工单位		
1. 施工水域安全秩序	1.1　施工现场组织管理是否规范	□
	1.2　安全标识是否清楚	□
	1.3　警戒船是否配备	□
2. 船舶情况	2.1　船舶是否超载	□
	2.2　船体外观是否有明显缺陷	□
	2.3　船铭牌是否按照要求悬挂	□
	2.4　船舶、设施的号灯、号型设备是否处于良好可用状态	□
	2.5　施工船舶固定的钢丝缆绳是否按规定显示信号	□
3. 施工水域防污染	3.1　是否有油污染、垃圾污染，是否有随意倾倒废弃物	□
4. 其他（文字描述）		
上述检查发现缺陷，须详细检查时，参考下面范围进行。		
5. 工程概况查验	5.1　是否取得施工许可证	□
	5.2　施工情况与许可证一致情况	□
	5.3　航行警（通）告发布情况	□
	5.4　警戒船的履责情况	□
6. 施工船舶检查	6.1　是否按要求办理相关手续	□
	6.2　船舶证书齐全、有效并适合航行的区域	□
	6.3　已经办理报备手续并落实了安全措施	□
	6.4　相关文书配备齐全并填写规范	□
	6.5　船员所持证书有效并与本人相符	□
	6.6　满足最低安全配员及救生设备的要求	□
	6.7　船体状况、航行设备、救生消防设备、防污染设备、通信设备是否满足要求	□
7. 恶劣天气应对	7.1　预警信息是否有效接受并传达	□
	7.2　是否冒险航行、施工	□
	7.3　施工船舶、人员是否按预案应对恶劣天气	□
8. 其他（文字描述）		
缺陷描述： 后续处理：□申请立案调查（□行政处罚/□行政强制）　□约谈　□安全检查 □应急处置　其他（文字描述）：		
检查人/执法证号：＿＿＿/＿＿＿　＿＿＿/＿＿＿		

填表说明：巡检合格的项目在相应□内标记“√”，反之标记“×”，不适用项目在□中标记“—”。

10.2.5　监督检查信息通报

信息通报包括内部通报、向建设、施工单位通报、向联检口岸单位通报、向地方政府通报。

《规定》要求海事管理机构对在监督检查过程中发生的下列情形应予以通告并跟踪整改：①施工过程中发生水上交通事故和船舶污染事故，造成人员伤亡和重大水域污染的；②以不正当手段取得许可证并违法施工的；③不服从管理，未按规定落实水上交通安全保障措施，存在重大通航安全隐患，拒不整改而强行施工的；④不具备正常通航条件，拒不整改而强行运营的。

海事管理机构应根据检查发现违章行为的严重程度和对社会的影响程度的大小，按严重程度选择通报形式，可采取内部通报、向建设、施工单位通报、向联检口岸单位通报、向地方政府通报等形式。

10.3　现场监督检查实例介绍

以港珠澳大桥建设期间的现场监督检查为例，在港珠澳大桥工程施工期间，施工现场的通航秩序维护、现场安全检查、现场监护、导助航设施维护、应急反应均有当地海事主管部门参与实施，在海事主管机关现场监督部分，当地海事部门依靠巡航船、监护艇和航标船对工程施工现场进行了现场监督。当时巡航船、监护船和航标船的配置方案如下：

(1)每个监管区配置海巡船1艘和机动巡逻快艇1艘。

(2)九洲通航孔施工现场附近配置定点监护艇1艘，负责施工期间九洲航道进出船舶交通疏导和警戒；江海直达船通航孔施工现场附近配置定点监护艇1艘，负责施工期间江海直达船航道进出船舶交通疏导和警戒；青洲通航孔施工现场附近配置定点监护艇1艘，负责施工期间青洲水道进出船舶交通疏导和警戒；两个人工岛施工现场附近各配1艘定点监护艇1艘，负责施工期间伶仃水道过往船舶交通疏导和警戒；共计5艘。

(3)配置航标船2艘，用于施工期间导助航设备设施的配置、维护和保养。

当地海事主管机关的现场监督起到了良好的效果，及时排出施工现场的任何安全隐患，为保障港珠澳大桥的安全顺利施工提供了极大支持，也在一定程度上节约了工期。

第 11 章　水上水下活动施工期安全保障

11.1　施工相关水域划定

11.1.1　搜救责任区

通过施工搜救责任区的科学划定和相应搜救资源的合理配置，保证施工水域搜救工作及时、有效开展，保障责任区水域人员、设施的安全。

海事管理机构负责收集本辖区内涉水工程施工单位相关资料，并对本辖区内施工搜救责任区进行划定。施工单位负责迅速对本单位搜救责任区内发生的险情展开救援工作。

1)施工搜救责任区域划分流程

施工作业单位办理水上水下活动许可证后，由水工管理部门对其施工作业范围、施工船舶及设施、联系方式进行统计，并将相关资料移交至搜救管理部门。

搜救管理部门组织召开搜救责任区划定研讨，划定考虑的因素有：施工单位资质、工程位置、参建船舶状况、施工人员素质等。

责任区域确定后，搜救管理部门标识施工搜救责任区划分示意图，并予以公布。

办理完毕后，将《施工搜救责任区域划分档案》以及施工搜救责任区划分示意图进行归档。

2)施工搜救责任区域更新及重新划定

《施工搜救责任区域划分档案》三个月更新一次。

当施工作业结束或有重大变更时，搜救主管依据水域工程管理员提供的资料对《施工搜救责任区划分档案》，以及示意图进行及时更新。

11.1.2　安全作业区

为了维护水上水下活动建设单位或者主办单位的合法权益，将施工作业船舶与无关船只相隔离，得以使无关船只远离施工作业水域，防止其他与施工无关船舶干扰施工船舶的作业，海事管理机构可应建设单位或者主办单位的申请或者通航安全管理的需要，为其设置或者划定安全作业区（或警戒区）。这里区分其他与施工无关的船舶的唯一标准是进行水上水下活动的船舶、设施是否经海事管理机构批准，未经批准的，均不得进入安全作业区，均属其他无关船舶。

设置或者划定安全作业区是保障水上水下活动安全、正常进行的需要。根据法律法规要求，设置或划定安全作业区的申请，可与水上水下活动申请一并向海事管理机构提出，并报送相应规定的材料。

对于经海事管理机构核准公告的安全作业区，建设单位或者主办单位应当履行的义务包括：设置相关的安全警示标志，以供过往船舶识别，防止过往船舶误入，同时应配备必要的安全设施或者警戒船，以便及时阻止那些因未看清标志或未理解标志含义而误入安全作业区的无关船只；另外还必须切实落实通航安全评估中提出的各项安全防范措施和对策，并做好施工与通航及其他有关水上交通安全的协调工作。

安全作业区是为水上水下活动而设置的，建设单位或主办单位必须履行的责任和义务，但其前提条件是经海事管理机构核准公告设置安全作业区，未经海事管理机构核准公告的安全作业区，则不受法律保护。建设单位、主办单位或者施工单位不得擅自改变施工作业安全作业区的范围。需要改变的，应当报经海事管理机构重新核准公告。

海事管理机构划定安全作业区时，应尽可能地兼顾水上水下活动和通航安全两方面的要求，在满足水上水下活动通航安全要求的前提下，安全作业区的设置应尽可能远离主航道或占据水域小一些。在难以兼顾双方要求的情况下，建设单位或主办单位切实落实通航安全评估中提出的各项安全防范措施和对策，并做好施工与通航及其他有关水上交通安全的协调工作，可采用时间段控制航行的手段对水上水下活动或船舶航行采取限定等措施。

同时，对涉及施工船舶较多的涉水工程，应设立专用的避风区和船舶集结区，便于对施工船舶进行疏导和管理。

11.2　施工水域秩序维护

11.2.1　VTS 监控维护

掌握施工船舶动态，规范施工船舶航行、作业秩序，降低海上施工作业对通航秩序的影响,保障海上施工和港口运营安全。

施工单位及施工船舶应按照相关法律法规的要求及时报告船舶动态。海事管理机构负责对本辖区施工船舶进出港、施工作业和锚泊等船舶实施动态监控。

海事管理机构 VTS 值班员根据涉水工程施工作业相关的航行警(通)告内容,在电子海图上标绘出涉水工程施工作业水域范围。对上述水域范围内及周边水域的船舶进行核查,发现施工船舶超出核定的作业水域作业的或其他船舶进入核定的水上水下活动水域的,应及时通知船舶纠正。

施工单位应设置通航安全协调部门,配齐通航安全管理人员,并发挥调度职能,按要求设置警戒船,以保证日常工作的正常开展。通航安全协调部门应做好施工计划安排、施工船舶信息汇总以及以上信息的上报等工作。当港区建设单位、施工单位众多,施工水域相对集中时,可采取建设单位、施工单位成立施工船舶联合调度机制,协调所有施工船舶的统一调度工作,统筹施工船舶的管理和管控。

各海事管理机构 VTS 指挥应与海事巡逻船现场检查相结合,通过海事巡逻船、警戒船对海上施工现场秩序进行规范。不服从 VTS 指挥的,可按照相关法律法规要求对相关单位和责任人进行处罚。

11.2.2　现场维护

海事部门在对安全作业区(或警戒区)周围水域的交通秩序进行维护时,有权随时进入安全作业区(或警戒区)对施工作业者在现场采取的安全措施、防污染措施情况进行现场监督检查。

对于未设置安全作业区(或警戒区)的施工作业,海事部门应要求施工作业船舶确保昼夜显示必要的信号以供过往船舶识别。特别是在能见度不良时,施工作业船舶应能有足够的措施保证过往船舶在安全距离内避开施工作业船舶。一旦发生碰撞事故,按避碰规则有关条款处理。

一般来说,所有的水上水下施工作业均对通航水域造成一定的影响,为维护施工作业安全及过往船舶航行安全,海事部门都要对水工作业现场进行维护。维护包括维持现场秩序和对现场 24 小时跟踪监控服务,根据水工工程规模大小、对通航安全影响的程度、对现场安全维护的重点,维护形式包括全过程维护、全过程监护重点时段维护、全过程监护一般性维护几种。

海事部门在现场安全维护时,一般通过巡逻艇到现场进行安全维护、VTS 监控、海事执法人员到现场进行维护等手段进行,根据作业现场水域特点、船舶高峰流、气候情况加大现场的安全维护力度。对于国家重点工程,还应加派维护力量,进驻施工现场进行24小时的安全维护。如长江镇江段润扬长江大桥、长江南通段苏通大桥地处通航环境十分复杂,船舶日通航密度达2500艘次以上,为了确保国家重点工程顺利进行和维护过往船舶的航行安全,两地海事机构将海事趸船搬至施工水域,调派了多艘巡逻艇到现场安全维护,对维护工程水域通航秩序起到了十分重要的作用。

现场安全维护与现场监督管理也具有密切的联系,现场安全维护与现场监督管理所采用的途径、方法基本相同,均是为了维护特定水域内正常的通航秩序。同时,应注意将现场安全维护与现场监督管理相区分:现场安全维护是现场监督管理的一种方式和特定的体现形式,现场监督管理的外延包括现场安全维护。现场安全维护是以水上水下施工作业为重点对象,目的是为了维护水工作业现场的通航秩序;现场监督管理是以某一水域的交通管理为重点对象,目的是为了维护某水域通航秩序。

11.2.3　警戒船维护

进一步规范在建涉水工程海上施工作业秩序,快速处置各类突发紧急事件,保障海上施工安全。

1)警戒船的配置

施工单位应对作业区域通航环境、参与施工船舶情况等因素进行综合分析后设定警戒船,并在申请办理《水上水下活动许可证》时一并提出警戒船的设置方案。

根据工程规模、类别、工期等因素选定警戒船,如涉及砂石运输、抛泥作业等施工作业区以外项目的,应适当提高警戒船的配备要求。

2)警戒船主要职责

(1)维护正常的施工秩序,清理可能影响施工安全的无关船舶。

(2)对施工区域及周边水域发现的非法砂石运输、买卖,船舶污染,违规作业,海上船舶、人员遇险等情况及时报告。

(3)负责本项目施工水域内水上突发性事件的快速处置工作。

(4)海事管理机构根据海上安全、防污染工作需要指派的其他工作。

3)警戒船的审核

海事管理机构对施工单位警戒船备案申请进行审核。内容包括:①主要负责人及联系方式;②警戒船工作计划,包括施工期间管理重点、活动区域、值守位置等;③警戒船船舶资料、船员资料;④其他认为有必要提供的资料。

符合要求则予以备案,否则提出相关修改意见,反馈施工单位。

4)警戒船监督检查

对于已备案的警戒船，每周填写《警戒船职责落实记录表》，及时上报至水工管理部门，海事管理机构应在开展现场监督检查时，加强对警戒船的检查，注意核实警戒船管理职责落实和计划执行等情况。

11.3　施工助航保障维护

11.3.1　安全信息发布

主动为施工单位提供气象信息服务，便于其及时掌握气象情况，合理安排作业活动，保证施工安全。

海事管理机构应每天及时收集中国海上搜救中心、中央气象台以及地方气象台等专业部门发布的预报信息。每天将气象信息及时、准确地公布在海事政务网站上，并通过 VTS 定时播发两次。发布内容包括：风力、风向、浪高、能见度、冰情等。海事政务网站以中文发布，VTS 以中、英文播发。

恶劣气象预警信息来临前，发布相应的预警信息，督促各施工单位进行海上巡查，合理组织船舶避风，恶劣气象信息应确认接收。

11.3.2　警示标识维护

涉水工程施工期间，当地海事主管部门还应对施工现场的警示标识进行监管、维护，以保证施工现场相关标识的警示作用。海事主管部门的监管、维护工作主要包括确保施工船舶昼夜显示必要的警示信号以供施工水域周围船舶识别；特别是在能见度不良时，施工船舶应能有足够的措施保证施工水域周围船舶在安全距离内避开施工船舶。若发现施工期间警示标识不能满足当时环境条件下施工的要求，海事主管机关应采取措施阻止工程的继续施工，并责令施工单位及相关部门停工整顿，直至警示标识满足施工要求。

施工船应按“操作能力受到限制”的船舶显示相应的号灯号型：根据《1972 年国际海上避碰规则》第二十七条，水工作业施工期船舶应遵守以下信号标志的规定：操纵能力受到限制的船舶，除从事清除水雷作业的船舶外，应显示：

（1）夜间在最易见处，垂直三盏环照灯，最上和最下者应是红色，中间的一盏是白色（见图 11.3-1）。

（2）白天在最易见处，垂直三个号型，最上和最下者应是球体，中间一个应是菱形体（见图 11.3-2）。

图 11.3-1　夜间号灯　　　　图 11.3-2　白天号型

11.4　安全宣传教育

对参与施工的管理和施工人员的教育是建设、施工单位的职责，但是为了方便施工作业者快速熟悉辖区施工作业环境，了解各类海事审批手续的办理程序，掌握有关海上应急救助常识，提高工作效率，保障人命和财产安全，海事管理机构应从海事角度对行政相对人进行安全宣传和教育。

1）制定相应的制度和计划

进一步强化海上施工相关人员安全责任意识，帮助其了解海上施工安全知识，提高其安全生产作业水平，强化海上应急处置能力，最大限度地降低人为事故的发生。

建设单位、施工单位提出培训需求，报海事部门。海事管理机构根据培训需求制定培训计划，组织培训工作的实施，各相关部门及时安排人员参加授课。

施工单位可向海事部门申请进行海上施工相关人员培训，并提供必要的培训条件。申请人应向培训人员支付培训费、交通费和其他必要的费用。

2）编制安全知识手册

依据《中华人民共和国海上交通安全法》、《中华人民共和国水上水下活动通航安全管理规定》等法律法规及各地区通航环境手册编制。

手册旨在提高施工人员的安全意识和应对险情的防范能力，方便施工作业者处理各类涉海工程相关事宜，涵盖内容应尽可能全面、有效，具体包括涉水工程各类海事审批手续办理程序、辖区通航环境资料、可能发生的各类事故类型及处置要点、相关法律法规、责任落实制度、主管机关的相关管理规定等，尽可能满足广大施工作业人员需求。

不定期开展座谈、调查问卷等多种形式的调查评估，并依据评估反馈结果修改或调整《手册》内容。

第 12 章　特殊水上水下活动监督管理

12.1　沉船沉物打捞

12.1.1　基本概念

1)定义

打捞作业:指打捞沉没于水中物体的工程作业。

沉船沉物:沉船指沉没于水中的船舶本体、附属设备以及载于船上的货物。沉物是指除沉船以外落于水中的各种物体。

打捞单位:是指有独立法人资格,从事打捞作业的企、事业单位。

打捞单位资质:是指打捞单位依照规定认定的从事打捞作业的人员、技术、设备、经济实力、管理水平及其业绩等方面的综合能力。

2)责任和义务

(1)责任:①对严重危害船舶安全航行的沉船,海事部门有权立即进行打捞或者解体清除,但应将所采取的措施通知沉船所有人;②对影响安全航行、航道整治、工程建筑以及有潜在爆炸危险的沉没物、漂浮物,海事部门应给所有人、经营人限定的时间进行打捞清除,否则有权采取强制措施打捞清除;③海事部门对打捞的沉船、沉物,在无法或者不易保管的情况下,可以作价处理。

(2)义务:①对影响安全航行、航道整治、工程建筑以及有潜在爆炸危险的沉没物、漂浮物,船舶所有人应在海事部门限定的期限内打捞清除,否则应承担海事部门采取的强制措施的全部费用;②沉船、沉物的打捞清除,不得留有妨碍航行、停泊和作业安全的物体;③未经过海事部门批准,不得擅自打捞或拆除通航水域内的沉船沉物。

12.1.2　申请与审批

1)申请

工程船在扫测、打捞作业前必须到当地海事部门申请办理《水上水下活动许可

证》。工程船由于施救、抢险等原因,需紧急出航作业的,可事后补办《许可证》。

初次进入某水域从事沉船沉物扫测、打捞作业的单位,必须具备相应的资质并经过海事部门的资格审核,合格者方可进入该水域施工作业。

打捞单位接到未向海事部门报告的沉船沉物的打捞申请时,应督促其所有人或经营人立即向海事部门报告。

打捞单位申请办理《许可证》时,应向海事部门递交《水上水下活动申请表》一式两份、《扫测探摸报告》、打捞方案、打捞合同、航行通告(电)申请、施工作业者资质认证证书、施工船舶的船舶证书、船员适任证书以及有关证书文件。

《扫测探摸报告》内容包括:沉船沉物位置、水深、沉船水下态势、其他需要说明的情况。

打捞方案的主要内容有:沉船概况、沉船重量与起浮力的计算、施工船舶及设备材料概况、打捞具体步骤、工期估算、施工质量要求、防污染措施、施工安全措施等。

2)审批

对打捞申请应从以下几个方面进行审批:

(1)对单位提交的资料进行审查,审查申请单位提交的有关文件、图纸、资料等是否齐全、有效、符合要求。

(2)审查打捞单位是否具有相应级别的资格证书。

(3)审查打捞作业施工船舶和船员是否符合要求。

(4)审查打捞方案和安全防污染计划是否符合实际,是否有效可行。

(5)审查船舶污染损害责任、沉船打捞责任保险文书或者财务担保证明是否有效。

对技术复杂、问题较多、各部门意见分歧等一时难做定论的工程,可组织内部会审,必要时可要求打捞作业人进一步进行技术论证或水工模型试验,其论证或试验结果报告,可作为技术审核的参考依据。

海事部门收到沉船沉物打捞作业申请后,应自收到申请次日起至申请的拟开始施工作业次日的20日前,做出打捞作业是否符合通航安全及防污染要求的意见,并核发《许可证》和发布航行通告或航行警告。对不符合通航安全及防污染的,应要求打捞单位进行整改。

对通航安全和通航环境构成影响的水工作业,海事部门应要求打捞单位设置有关标志和配备警戒船维护,并制定相应的安全维护措施。

对通航安全和通航环境构成重大影响的水工作业,对需限航、禁航的水工作业的安全监督,海事部门应召集相关部门研究制定相应的安全监督维护方案。

对通航安全和通航环境产生较大影响的沉船沉物打捞，海事部门应督促打捞单位申请发布航行通告，费用由打捞单位承担。

12.1.3　外资或合资打捞审批

(1)外商参与打捞沉船沉物的方式：①与中方打捞人签订共同打捞合同，依照合同规定的双方权利和义务，实施打捞活动；②与中方打捞人成立中外打捞企业，实施打捞活动。

(2)中国政府依法保护参与打捞中国沿海水域沉船沉物的中外双方的应得收益和其他合法权益。但参与打捞的中外双方的一切活动必须遵守中华人民共和国的有关法律、法规和规章，接受中国政府有关主管部门的管理与监督。

(3)外商参与在中华人民共和国内海或者领海内打捞沉船沉物，应当承担打捞作业期间的全部费用和经济风险。中方打捞人负责与有关部门的协调，办理必要的手续及打捞作业期间的监护。

外商参与在中华人民共和国内海、领海外属中华人民共和国管辖的其他海域内打捞沉船沉物，应当承担扫测探摸阶段的全部费用和经济风险。需要打捞的，由中外双方按照合同规定实施打捞。

外商为履行共同打捞合同所需船舶、设备及劳务，在同等条件下应当优先向中方打捞人租用和雇佣。

(4)捞获物的处理：①在中华人民共和国内海或者领海内捞获的沉船沉物，属中华人民共和国所有，外商根据共同打捞合同或者中外合作打捞企业合同的规定，从捞获物或者其折价中取得收益；中方打捞人根据国家有关规定或者中外合作打捞企业合同的规定从捞获物或者其折价中取得收益；②在中华人民共和国内海、领海外属中华人民共和国管辖的其他海域内捞获的沉船沉物，由参与打捞的中外双方按照合同规定的比例对捞获物或者其折价进行分成；③捞获物中夹带有文物或者在打捞作业活动中发现文物的，应当立即报告当地文物行政管理部门，由文物行政管理部门按照中华人民共和国有关文物保护的法律、法规处理，并给有关人员适当的奖励。

外商依法取得的捞获物可以按照国际市场价格由中国政府有关部门收购或者由外商依法纳税并办理海关手续后运往国外。外商所得外汇收入或者其他收益，可以在纳税后依法汇往国外。

12.1.4　打捞资质的审核

在中华人民共和国沿海及内河通航水域内从事空载排水量或单件重量200吨

以上沉船沉物打捞作业的打捞单位,应具备相应的《资质等级证书》。没有《资质等级证书》的打捞单位,不得进行打捞作业。

打捞单位从事打捞作业,应当按照国家有关规定向相应的海事管理机构申请水上水下活动许可,提供有效的《资质等级证书》,接受海事部门的监督管理。海事部门应具体审核打捞单位所申请打捞所涉及的船舶空载排水量或单位件重量的作业是否符合资质的要求。

打捞单位资质分为沿海和内河两类,每类中又分为一、二、三级。

(1)沿海各级打捞单位打捞作业范围:①沿海一级打捞单位,可从事沿海和内河吨位不限的沉船沉物打捞作业及外商参与的中国沿海水域沉船沉物的打捞作业;②沿海二级打捞单位,可从事沿海和内河空载排水量不超过 1000 吨的沉船或单件重量不超过 1000 吨的沉物打捞作业;③沿海三级打捞单位,可从事沿海和内河空载排水量不超过 400 吨的沉船或单件重量不超过 400 吨的沉物打捞作业。

(2)内河各级打捞单位打捞作业范围:①内河一级打捞单位,可从事内河空载排水量不超过 2000 吨的沉船或单件重量不超过 2000 吨的沉物打捞作业;②内河二级打捞单位,可从事内河空载排水量不超过 700 吨的沉船或单件重量不超过 700 吨的沉物打捞作业;③内河三级打捞单位,可从事内河空载排水量不超过 300 吨的沉船或单件重量不超过 300 吨的沉物打捞作业。

12.1.5　打捞作业过程中的监督管理

海事部门对审批的打捞作业应加强的现场监督管理工作。施工作业现场监督检查的同时,还应监督检查以下情况:

施工单位是否及时将打捞作业进度及有关情况向海事部门报告。

沉船打捞出水时打捞单位是否及时报告海事部门,以便海事部门视具体情况派员前往现场勘查取证,未经海事部门同意,不允许任何人查看出水的沉船,也不得擅自变动沉船上的有关物证。

打捞工程结束撤离现场,是否留有碍航物体、并向海事部门上报工程竣工验收报告。

12.1.6　打捞作业的通航安全核查

对沉船沉物打捞作业的通航安全核查,主要以是否打捞起沉船沉物和该水域是否存在碍航物体、有潜在安全隐患为标准。

打捞单位申请核查时应提交的材料包括:

(1)打捞作业《通航安全报告》。

(2)遗留物情况以及移动、碍航的可能(如无则略)。

(3)打捞水域水下地形图(如无遗留物则略)等。

对确实无法打捞的沉船沉物或其残骸,无法确定是否存在潜在安全隐患,海事部门可组织专家进行论证评审,以作为核查的一个依据。

12.1.7　强制打捞

1)强制性打捞的条件

(1)在通航水域内严重危害船舶安全航行的沉船沉物。

(2)对影响安全航行、航道整治、工程建筑以及有潜在爆炸危险的沉没物、漂浮物。

2)强制性打捞的实施

(1)对于严重危害船舶安全航行的沉船沉物,海事部门有权立即进行打捞或解体清除。海事部门在立即进行打捞或解体清除的同时,应将所采取的措施通知所有人或经营人,如果所有人或经营人不明,则应在报纸上予以公告。

(2)对影响安全航行、航道整治、工程建筑以及有潜在爆炸危险的沉船、沉没物、漂浮物,海事部门应向其所有人、经营人出具《强制打捞令》,指出沉船、沉没物、漂浮物存在的安全隐患,明确强制打捞的限期。海事部门对所有人、经营人在海事部门限定的时间内未打捞清除,有权采取强制措施打捞清除。

(3)强制性打捞捕获物的处理:①上述第一种强制打捞的情况,海事部门对打捞所取的船体、船用器物、货物或者解体取得的钢材、机件等,在无法或者不易保管的情况下,可以作价处理;沉船所有人自船舶沉没之日起一年以内,可以申请发还捞起的原物或者处理原物所得的价款,过期如不申请即丧失所有权;沉船所有人在领回原物或者价款时,应当偿还有关打捞、保管和处理的费用;②上述第二种强制打捞的情况,海事部门采取强制打捞措施的全部费用由沉没物、漂浮物的所有人或者经营人承担;余下的部分由所有人或者经营人领回,如不足的还应偿还相应费用。

12.1.8　无主沉船沉物的打捞

1)无主沉船、沉物的所有权

根据《中华人民共和国民法通则》及相应规定,无主沉船、沉物的所有权属于国家。无主沉船沉物一般包括以下几种情况:

(1)沉没于航道内碍航的无主水泥船。

(2)沉没于航道中已无打捞价值,而所有人经济上又确无打捞能力的沉船。

(3)沉没于小型船舶习惯航经水域而被丢弃的无主沉船。

(4)沉没于锚地的无主或无打捞价值的沉船沉物。

(5)沉船主全家罹难又无人出资打捞的沉船沉物。

2)无主沉船、沉物的处理

(1)打捞起的无主沉船沉物应及时报告海事部门并上缴国家,严禁隐瞒不报据为己有。

(2)对该水域内无打捞价值但又碍航的无主沉船沉物,海事部门协商打捞单位予以清除。

碍航无主沉船沉物的打捞存在打捞费用不能落实致使迟迟不能打捞清除的现象。目前,有些地区海事部门为了使管辖水域内碍航无主沉船沉物及时得到打捞清除,确保水上交通安全,并保证清障单位能得到一定的报酬。本着"取之于民、用之于民"的精神,设立打捞管理基金,从实施打捞工程的单位、船舶或人员按一定比例收取,并成立专门的基金管理机构,用于支付人员工资、消耗的燃润料及物品等基本费用。

3)无主沉船、沉物变价处理款项的用途

打捞起的无主沉船沉物,在无法或者不易保管的情况下,海事部门可以变价处理。变价处理所得价款除支付打捞单位一定的打捞费用外,其余的上缴国家。

12.2　大型涉水活动监督管理

12.2.1　定义

大型涉水活动是指涉水、参与人数众多、影响面广、引起国际或国内广泛关注,需要采取临时、特殊的跨部门、跨区域联动管控措施来维护水域及周边水域水上交通安全、畅通、有序,以保障活动顺利举办的社会活动,包括体育赛事、国际峰会、展览、庆典、集会、表演等活动。

12.2.2　特点

1)社会关注度高,保障要求高

大型涉水活动社会关注度高,影响面广,发生安全事件的影响会被放大,大型涉水活动因其开放性,受国内外安全形势影响,可能会成为恐怖分子和有特殊目的的人制造事件的目标,因此对主管部门服务保障要求更高。大型涉水活动交通安全管控和应急保障是人、管控对象、外部环境的集中体现,发生偶然事件的概率很大，且在时段上并无明显的特征，有些大型活动还可能持续时间长，要做到全程监控、无缝接轨，具体任务的组织实施往往相当艰巨。

2）影响面广，保障难度大

在实施管控时，将不可避免影响港口生产、水上交通运输、人民群众便捷出行，为尽量减少大型水上活动安保工作对航运经济和港口生产的影响，需要把“保安全、保畅通”两个方面放到同等重要的位置，坚持安全保障和服务民生相统一、安全生产和航运发展两促进的原则，需要采取有效措施，既保障安全和秩序，有保障民生物资运输畅通，把握好安全和生产的关系，综合考虑水上交通安全管控对水域环境以及社会生活的全方位影响，避免造成社会矛盾。

3）涉及部门多，需要密切合作

水上交通安全管控和应急保障所涉及的因素多种多样，针对不同的交通安全管控区域、管控对象，在不同的管控时期，管控工作的要素、内容、方式不尽相同。水上保障工作涉及多个行业、多个层次，管理体制复杂，其中既有海事系统内部自上而下的纵向领导与从属关系，又有海事部门以外跨部门的横向关系。每个单位和部门都是体系链中的一个环节，每个单位和部门的工作又是分工合作环环相扣的关系，构成了一个完整的系统。这个系统能否顺利运行关系到水上交通安全管控和应急保障工作的成败。

12.2.3　海事的职责

海事管理机构在大型涉水活动中主要有以下职责：一是负责水上活动水域及附近可连通水域的水上交通安全管理；二是划设水域管控区域，制定水上交通管制方案，发布交通管制公告，组织、实施水上交通管制措施；三是开展船舶适航检验、检查；四是组织水域碰撞、污染等应急事件的处置和救援工作；五是协调落实船舶临时待泊锚地，做好航标、扫测等航海保障工作。

12.2.4　北京奥运会海事系统监管实例

1）活动概况

2008 年北京奥运会即第二十九届夏季奥林匹克运动会于 2008 年 8 月 8 日 20 时开幕，2008 年 8 月 24 日闭幕。口号为“同一个世界，同一个梦想”（One World, One Dream），主办城市是中国北京。参赛国家及地区 204 个，参赛运动员 11438 人，设 302 项（28 种运动）比赛项目。

为保证 2008 年北京奥运会顺利进行，全国交通系统海事、救捞、港航等各有关单位部门，在党中央、国务院的正确领导下，按照奥组委和交通运输部党组的统一部署和要求，提前准备，精心谋划，周密部署，主动作为，确保了奥运期间水上安全形势稳定，圆满完成了奥运海事保障任务。

2）工作的开展

奥运会水上安保工作主要是青岛奥帆赛期间的水上安保工作。奥帆赛期间青岛港船舶交通管制工作以《交通运输部"2008 奥帆赛海上交通安全与应急保障方案"》为指导，以"五限"为原则，周密计划，科学组织，争取赛前不发生重大海上交通事故和重大船舶污染，赛期海上交通事故和船舶污染事故为零。

（1）奥帆赛期间船舶交通管制工作原则

奥帆赛期间船舶交通管制工作遵循以下"五限"原则：

（a）限制船舶流量原则：在奥帆赛比赛时段，限制通过主航道进出港船舶的数量，从而使一定时间内只有不超过 2 艘船舶航行在比邻奥帆赛赛区的航道上；

（b）限制船舶航速原则：进出港船舶通过比邻赛区的主航道时，应以安全航速航行，严格限制航行速度不低于 6kn，不超过 8kn，确保船舶兴波不超过 600m；

（c）限制船舶类型原则：即在奥帆赛比赛时段将大型油轮和熟悉南航道的下述中国籍船舶改至南航道航行，如载运爆炸品和放射性物质的集装箱船舶、载运高危散装液体化学品船舶、液化气体船舶等高危船舶和小型船舶；

（d）限制航行时间原则：在奥帆赛期间有重大活动（如开幕式、闭幕式）或 C、D 赛区有重要赛事的时段，暂不安排船舶进出主航道；

（e）限制航行区域原则：在比赛时段经主航道进港的船舶航行区域距离奥帆赛赛区封闭线至少保持 1000m。

（2）船舶动态计划（引航计划）管理

船舶动态计划是船舶交通管制的重要依据，计划的制定、审核必须严谨、符合"五限"要求，具有可操作性。船舶动态计划（引航计划）的制定要求如下：

（a）强制引航：奥帆赛比赛时段，计划经主航道进出港的船舶必须是强制引航的船舶；

（b）流量限制：比赛时段，计划安排进港的船舶每小时不得超过 2 艘；

（c）船型限制：大型油船和熟悉超大型船舶航道的下述中国籍船舶，如载运爆炸品和放射性物质的集装箱船舶、载运高危散装液体化学品船舶、液化气体船舶等高危船舶和小型船舶如果需要在比赛时段进出港，改至超大型船舶航道航行；在非比赛时段（当日 1700 ~ 次日 0900 时）经主航道进出港不受限制。不熟悉超大型船舶航道的上述载运高危货物的船舶、小型船舶安排在非比赛时间进出港。

（d）特殊靠泊要求船舶的安排：对于按规定夜间不能靠离码头的船舶，可安排在当天赛事结束之后日落之前（1700 ~ 2000 时），或者日出之后比赛之前的时间

(0400～0900时)进出港；

(e)超大型船舶：超大型船舶(吃水≥15m)一律安排经超大型船舶航道进港；非靠泊候潮需要不得在前海1号锚地锚泊；

(f)特殊船舶限制航行：比赛时段禁止进出船厂的船舶经主航道进出港；禁止船舶出港试航；禁止有拖带物的拖轮进港；

(g)限制航行：必要时，根据上级指令，在C、D赛区有极重要赛事活动的时段，不安排船舶进入主航道航行；

(h)船舶动态计划(引航计划)误差：比赛时段的船舶动态计划(引航计划)误差应在1小时以内，每个小时安排进出港的船舶应各有两艘，分别为第一顺序船舶、第二顺序船舶，当第一顺序船舶不能按时进出港时，由第二顺序船舶替补。

(3)比赛时段的船舶交通管制措施

A. 增划远程报告线

在严格执行现有船舶报告制的基础上，临时划定三条远程进港报告线，所有进入青岛港的船舶必须在经过远程报告线时向VTS中心报告。

第一远程报告线：崂山头与朝连岛连线。从第一线、第一预备航线、第二线进港的船舶，无论什么国籍，在经过报告线时必须向VTS中心报告。

第二远程报告线：朝连岛正横报告线。从第二线、第三线进港的船舶，无论什么国籍，在正横朝连岛时必须向VTS中心报告。

第三远程报告线：灵山岛正横报告线。从第四线进港的船舶，无论什么国籍，在正横灵山岛时必须向VTS中心报告。

B. 限制航行区域

VTS监控进港船舶在经过比邻赛区的主航道时必须航行在主航道中心线以北200m的区域范围内，如果发现船舶超过此范围，应立即通知船长(引航员)调整船位；VTS如果发现进港船舶在进入第三通航分道前未调整好船位、航速要及时提醒船长(引航员)。

C. 变更引航要求

引航员登乘点由原分道通航制第二警戒区外移到大小公岛连线。引领船舶进港时，引航员必须提前到达大小公岛连线海域等候船舶，禁止船舶漂航等候引航员的情况发生。引航员抵达规定的登乘区域后应报告VTS，登轮后也应报告动态并与VTS随时保持联系。引航员引领船舶进港时，登轮后应立即检查被引船船位、航向，如果发现船位偏离航道中心线超过200m，应立即调整。

D. 拖轮护航

比赛时段从主航道进出港船舶，必须由功率不少于5000匹马力的专业港作拖轮在舷侧护航。

E. 限制航速

VTS 严密监视进出港船舶航速保持在 6 ~ 10kn 之间，发现超过上述速度范围的要立即通知船长（引航员）调整航速，同时应注意流速对航速的影响。

F. 禁用锚地

在整个赛事期间，禁止船舶在前海 2#、3#锚地抛锚。

G. 限制部分船舶航行

有拖带物的拖轮在比赛时段禁止进港。奥帆赛期间禁止船舶出港试航。

H. 港内交通

在比赛时段内，VTS 中心在重点监控港内交通安全。非生产重点船舶一律不安排出港，先到港内锚地抛锚等候或在泊位等候出港。

I. 港外抛锚安排

在比赛时段内，没有进港作业计划的船舶一律在港外锚地抛锚等候。从第一线、第一预备航线、第二线（部分）报告进港的船舶一律安排到禁航区临时锚地抛锚；从第二线（部分）、第三线进港的船舶一律安排到朝连岛以南抛锚；从第四线进港的船舶视情况可以安排到灵山锚地或港内锚地抛锚。

J. 合理利用第四航线

在比赛时段内，符合航行条件的船舶可以安排经第四线出港。

（4）海上指挥部现场交通管制

A. 工作内容

海上指挥部根据船舶作业计划、引航计划实施交通组织，控制经主航道进港的船舶起锚时间、抵达大公岛、小公岛连线时间，使进港船舶航行到比邻赛区的主航道时，船舶间距不少于 5n mile。

B. 进港指令

在比赛时段内，需要进港的船舶，由指挥部船舶交通管制工作组呼叫，发出起锚或进港指令；指令应包含抵达引航员登乘点（大小公岛连线）的时间。

C. 海事巡逻艇基本工作要求

所有海事巡逻艇应在规定的内部通信频道上守听，在接到海上指挥部的指令后立即行动，按照指令进行现场交通管制。

D. 主航道海事巡逻艇

在紧邻奥帆赛比赛水域的主航道上的巡逻艇，在各自负责区段内机动巡逻，值守规定的内部 VHF 工作频道，听从海上指挥部或 VTS 中心的指令；监控航行船舶行为，发现船舶偏离规定的航行区域和航速、有进入比赛区域的企图等可能影响奥帆赛的行为时，应及时报告 VTS 中心，由 VTS 中心提醒、警告船长（引航员）纠正；当进港船舶经过其负责区段时，保持在其右侧伴航，监视其行动，并及时通报下一区段巡逻艇接力伴航；巡逻艇应注意自身安全，并且在航行巡逻时应保持安全航速，以防止自身兴波影响奥帆赛。

E. 远程监控点海事巡逻艇

在远程监控点布防的海事巡逻艇应密切注意海上船舶动态，监听 VTS 中心与船舶间的通信，实时掌握 VTS 中心在海事内网发布的船舶动态信息，发现航经远程报告线未报告的船舶要立即与海上指挥部核对信息，如果确属没有申报进港计划、没有按照要求报告，应立即拦截，调查清楚情况，然后引导至禁航区临时锚地抛锚。

F. 远程报告线海事巡逻艇

远程报告线的海事巡逻艇要在远程报告线上保持不间断巡逻。发现异常情况及时汇报给海上指挥部和 VTS 中心。

G. 现场巡逻艇

现场巡逻艇要特别注意拦截 VTS 设备不易发现的小型船舶、超过 VTS 监控范围的远程目标、超过岸基 VHF 通信距离的船舶等，发现情况及时联系 VTS 中心，确定目标身份，协助 VTS 进行现场管理。

H. 紧急情况处置

海上指挥部、VTS 中心发现、接到船舶有异常航行行为、恐怖袭击嫌疑，极有可能直接威胁奥帆赛比赛时，在海事保障力量紧急处置的同时，应立即通报海军、海警等其他海上安保力量协同处置。

I. 海上指挥部工作时间

奥帆赛期间，每日 0900 时开始，至 1700 时止，VTS 中心将前海主航道进港船舶交通管制职责移交海上指挥部，但具体时间可根据当日比赛情况做相应调整。

（5）非比赛时段的船舶交通管制

非比赛时段的船舶交通管制应遵循“在安全的前提下提高通航效率”、“在全面兼顾的前提下适当优先安排重点船舶”、“尽量利用港内锚地安排候泊船舶”等原则。

A. 时间节点

非比赛时段的船舶交通恢复由 VTS 中心管理，具体的时间节点为 0900 时和 1700 时，或按照具体比赛的情况决定。

B. 总体要求

非比赛时段的船舶交通保持正常通航，但应加强管理，重点防范船舶误入比赛区域。

C. 管理依据

VTS 中心要根据核定的港口作业计划优先安排港口生产重点船舶及时进港、离港。

D. 利用内锚地周转候泊船舶

为尽量减少对港口生产的影响，VTS 中心可安排未来 24 小时有作业计划的船舶在非比赛时段内优先航行至港内锚地抛锚候泊；完货离港船舶在限制通航的时间段内优先安排至港内锚地抛锚等候开航。要根据船舶大小、吃水合理安排锚泊位置，尽量提高锚地利用率。

E. 合理安排调度船舶交通流

在非比赛时段内，应合理安排调度船舶交通流，既要防止进港船舶一哄而上，又要杜绝离港船舶争先恐后。要合理控制船舶交通流有序地流动，在促进交通安全的前提下适当提高通航效率。

F. 引航要求

在非比赛时段内，引航员登离轮区域恢复正常，仍然在第二警戒区。

G. 现场巡逻管理

每天在奥帆赛比赛当天结束后（1700 时以后），在前海主航道巡逻的海事巡逻艇必须协助 VTS 中心做好后续船舶交通管制工作，以防止主航道船舶交通发生混乱现象。

3）取得成效

整个奥运安保工作、交通运输系统以保奥帆赛为主线，以维持水上安全形势稳定为目标，团结一致，齐心协力，经过 4 年的准备和一个月的连续奋战，圆满完成了奥运安保工作，为保障大型水上公众活动积累了成功经验，促进了海事监管和服务能力的提升，提升了海事队伍素质和形象。

第13章　水上水下活动违法处理

处罚是法律责任内容部分，是其关系主体违反法律、法规所应承担的责任，是海事管理机构依照法定权限和程序对违反法律、法规尚未构成犯罪的相对方给予行政制裁的具体行政行为。行政处罚的程序有简易程序和一般程序，其中，一般程序也称普通程序，包括立案、调查取证、听取申辩与听证、做出处罚决定等几个步骤，对水上水下活动的违章行为的处罚程序应符合相关规定。

在行政法学中，行政处罚的种类和形式有多种，在《中华人民共和国水上水下活动通航安全管理规定》（以下简称《规定》）中，主要有行为罚（注销许可证、停止施工作业）和财产罚（罚款）两类。

根据国家行政处罚法的规定，行政处罚适用的条件包括前提条件、主体条件、对象条件和时效条件。对水上水下活动违规行为的处罚应当在规定的幅度之内，并符合行政处罚适用的条件规定，同时要坚持处罚法定、处罚与教育相结合、公正公开、处罚救济、一事不再罚、过罚相当等行政处罚原则实施处罚工作。

13.1　违法行为表现形式

（1）建设单位或者业主单位未履行安全管理主体责任的。

（2）未落实通航安全评估提出的安全防范措施的。

（3）未经批准擅自更换或者增加施工作业船舶的。

（4）未按规定采取安全和防污染措施进行水上水下活动的。

（5）雇佣不符合安全标准的船舶和设施进行水上水下活动的。

（6）其他不满足安全生产的情形。

（7）以不正当手段取得许可证并违法施工的。

（8）不服从管理、未按规定落实水上交通安全保障措施或者存在重大通航安全隐患，拒不改正而强行施工的。

（9）应申请许可证而未取得，擅自进行水上水下活动的。

（10）许可证失效后仍进行水上水下活动的。

（11）使用涂改或者非法受让的许可证进行水上水下活动的。

（12）未按本规定报备水上水下活动的。

（13）未按有关规定申请发布航行警告、航行通告即行实施水上水下活动的。

（14）水上水下活动与航行警告、航行通告中公告的内容不符的。

（15）未妥善处理有碍航行和作业安全隐患并按照海事管理机构的要求采取清除、设置标志、显示信号等措施的。

13.2　违法行为处理

有下列情形之一的，海事管理机构应当责令建设单位、施工单位立即停止施工作业，并采取安全防范措施。

（1）因恶劣自然条件严重影响安全的。

（2）施工作业水域内发生水上交通事故，危及周围人命、财产安全的。

（3）其他严重影响施工作业安全或通航安全的情形。

有下列情形之一的，海事管理机构应当责令改正，拒不改正的，海事管理机构应当责令其停止作业：

（1）建设单位或者业主单位未履行安全管理主体责任的。

（2）未落实通航安全评估提出的安全防范措施的。

（3）未经批准擅自更换或者增加施工作业船舶的。

（4）未按规定采取安全和防污染措施进行水上水下活动的。

（5）雇佣不符合安全标准的船舶和设施进行水上水下活动的。

（6）其他不满足安全生产的情形。

海事管理机构在监督检查过程中对发生的下列情形予以通告：

（1）施工过程中发生水上交通事故和船舶污染事故，造成人员伤亡和重大水域污染的。

（2）以不正当手段取得许可证并违法施工的。

（3）不服从管理、未按规定落实水上交通安全保障措施或者存在重大通航安全隐患，拒不改正而强行施工的。

违反《规定》，隐瞒有关情况或者提供虚假材料，以欺骗或其他不正当手段取得许可证的，由海事管理机构撤销其水上水下施工作业许可，注销其许可证，并处5000 元以上 3 万元以下的罚款。

有下列行为或者情形之一的，海事管理机构应当责令施工作业单位、施工作业的船舶和设施立即停止施工作业，责令限期改正，并处 5000 元以上 3 万元以下的罚款。属于内河通航水域水上水下活动的，处5000元以上5万元以下的罚款：

(1)应申请许可证而未取得，擅自进行水上水下活动的。

(2)许可证失效后仍进行水上水下活动的。

(3)使用涂改或者非法受让的许可证进行水上水下活动的。

(4)未按本规定报备水上水下活动的。

有下列行为或者情形之一的，海事管理机构应当责令改正，并可以处以2000元以下的罚款；拒不改正的，海事管理机构应当责令施工作业单位、施工作业的船舶和设施停止作业。

(1)未按有关规定申请发布航行警告、航行通告即行实施水上水下活动的。

(2)水上水下活动与航行警告、航行通告中公告的内容不符的。

未按本规定取得许可证，擅自构筑、设置水上水下建筑物或设施的，禁止任何船舶进行靠泊作业。影响通航环境的，应当责令构筑、设置者限期搬迁或拆除，搬迁或拆除的有关费用由构筑、设置者自行承担。

违反《规定》，未妥善处理有碍航行和作业安全隐患并按照海事管理机构的要求采取清除、设置标志、显示信号等措施的，由海事管理机构责令改正，并处5000元以上3万元以下的罚款。

13.3　违法行为处理法律依据

(1)《中华人民共和国海上交通安全法》。

(2)《中华人民共和国水上水下活动通航安全管理规定》(交通运输部令2011年第5号)。

(3)《中华人民共和国海上海事行政处罚规定》。

下篇　营运期管理及通航环境资料管理

涉水工程的建设一般从立项、工程可行性研究、初步设计、施工图设计阶段之后，进入施工阶段；施工结束后按时向海事管理机构申请办理通航安全核查等手续，通过后进入营运阶段。海事管理机构的监管重点也从施工安全监管转移到营运期通航安全督查、及时掌握通航环境资料、维护通航安全形势稳定上来，加强对涉水工程安全责任落实监察工作，督促指导业主单位或经营管理单位有效落实安全生产主体责任，并通过通航安全核查、通航区域技术参数定期检测报备等手段掌握水上水下活动的建设情况和实际通航能力，确保水上水下活动符合实际生产需要，也为海事监管工作的全面有序开展提供了基础。

第 14 章 水上水下活动通航安全核查

《中华人民共和国水上水下活动通航安全管理规定》的第二十七条规定:水上水下活动完成后,建设单位或者主办单位不得遗留任何妨碍航行的物体,并应当向海事管理机构提交通航安全报告。

水上水下活动通航安全核查(以下简称“通航安全核查”)是海事管理机构掌握水上水下活动涉及通航安全部分的建设情况,确保水上水下活动符合海事监管要求的重要手段。

海事管理机构收到通航安全报告后,应当及时予以核查。核查中发现存在着有碍航行和作业安全隐患的,海事管理机构有权暂停或者限制涉水工程投入使用。

因此,通航安全核查是海事部门收到涉水工程建设单位或水上水下活动主办单位的《通航安全报告》后对所在水域或设施所进行的核对检查工作,是水上水下活动结束后所进行的通航环境恢复性、保障性的工作,是海事管理机构掌握水上水下活动涉及通航安全部分的建设情况,确保水上水下活动符合海事监管要求的重要手段。

通航安全核查工作应当遵循科学、客观、公开、公正的原则,以科学发展观为指导,以维护水上通航安全为核心,坚持监管与服务并重,通过开展通航安全核查,确保水上水下活动通航设施建设质量,消除通航安全隐患,为港口生产和海上航运营造安全和谐的水上通航环境。

14.1 通航安全核查的基本条件

通航安全核查是水上水下活动及其业主单位申请海事部门进行的一项工作,在提出核查申请之前,应符合以下基本条件:

(1)水上水下活动涉及通航安全的部分已全部完工。

(2)水上水下活动涉及海事管理机构的前期手续齐全。

(3)水上水下活动水域未遗留任何有碍通航安全的物体,施工期发生的涉及本活动施工作业船舶的水上交通事故、沉船等已得到妥善处置。

(4)水上水下活动已按通航安全影响论证报告、通航安全评估报告及海事管理机构要求配备了通航安全监管设施、设备并具备使用条件。

(5)业主单位已制定了工程营运期各项安全应急预案及针对本工程的安全生产相关管理制度。

(6)工程下列设计参数、设施等符合设计要求:①涉及通航安全的部分已由质量监督或检验部门完成检测,并已出具检测或鉴定报告;②相关水域已疏浚至设计底标高,业主单位已于申请核查之日前30日内委托具备资质的单位进行了扫测,并已出具扫测报告和扫测图;③按要求设置了导助航设施并已通过航标主管部门组织的效能核查;④码头附属设施配置齐全,其结构、强度等达到设计要求(仅对码头工程);⑤业主单位已委托具备资质的单位对工程通航净空尺度进行了测量,并已出具测量报告(仅针对桥梁等有通航净空尺度要求的工程),相关净空尺度已通过海事管理机构组织的通航净空尺度审核。

(7)需进行现场海事监管的水上水下活动,已具备现场办公条件。

水上水下活动的业主单位应建立健全安全生产责任制,制定完善的安全管理制度;积极主动配合通航安全核查工作,提供的有关资料应当真实、有效。

14.2　通航安全核查申请

业主单位应在水上水下活动涉及通航安全的部分完工后30日内向海事管理机构提出通航安全核查申请,同时提交以下材料:

(1)《水上水下活动通航安全核查申请书》。

(2)海事管理机构对水上水下活动通航安全影响论证报告和通航安全评估报告的审核意见。

(3)海事管理机构向施工单位核发的水上水下施工作业许可相关文件。

(4)通航安全报告。

(5)质检部门出具的工程质量检测或鉴定报告。

(6)资质单位出具的相关水域水深扫测报告及扫测图。

(7)航标主管部门出具的导助航设施效能核查材料。

(8)资质单位出具的通航净空尺度测量报告(仅对桥梁等有通航净空尺度要求的工程)。

(9)其他相关文件、图纸、数据等资料。

其中,以上第(4)项《通航安全报告》至少应包含如下内容:①水上水下工程建设情况及各项技术参数或数据;②通航安全影响论证评估报告中有关海事安全监管设施和设备的配备情况以及安全保障措施的落实情况；③施工情况总结，总结中应重点体现通航安全评估报告中有关安全管理要求的落实情况；④工程水域通航环境变化；⑤营运期通航安全应急预案；⑥针对本工程制定的安全生产相关制度文件；⑦营运期通航安全可能出现的风险以及降低或缓解措施。

一般情况下，《通航安全报告》的编制大纲可见附件。

附件

《通航安全报告》编制大纲

第1章　概述

描述水上水下活动建设情况，是否与已批准建设方案一致，如发生变更，阐述原因、理由和在初步设计阶段及施工期已解决的主要问题。

第2章　水上水下活动对通航环境的影响及安全保障要求

说明水上水下活动对通航环境和交通组织的影响；活动水域安全保障措施及保障设施建设要求。

第3章　相关问题及建议的落实情况

明确通航安全影响论证中存在的问题、说明对问题的整改和具体落实情况。

第4章　结论落实情况

总结施工期通航安全维护与管理情况，说明施工期和营运期通航安全保障措施实施情况，施工期及营运期通航安全保障设施、设备配备及监管设施同步建设情况。

第5章　营运期通航安全保障

明确活动营运期的通航安全保障措施，经营管理单位的责任要求和安全生产相关管理制度，营运期安全应急预案；针对营运期间可能存在的风险，提出降低或缓解风险的措施。

附页：

附页一：有关岸线和水域的位置图、布置图、现状图等；

附页二：有关水上水下活动的各类批文及论证与评估审查意见等；

附页三：水上水下活动（工程）有关实测通航尺度和水下地形测量技术报告以及相关图纸、影像资料等。

14.3　通航安全核查程序

海事管理机构应在收到申请后10日内组织通航安全核查。通航安全核查一般应遵循如下工作程序：

(1)成立核查组:海事管理机构应在收到申请后3日内成立核查专家组,专家组成员应从通航安全核查专家库中选取,一般不少于5人。

(2)下发核查通知:海事管理机构应在收到申请后5日内向业主单位下发核查通知,明确核查时间、地点、方式及专家组成员。

(3)组织现场核查:核查组赴现场实施现场检查,时间一般不超过半天。

(4)组织文件核查:核查组组织召开文件核查会议,重点对该工程有关通航安全的文件资料的完整性、合理性及现场核查情况进行审查。文件核查时间一般不超过一天,海事管理机构可根据实际情况将现场核查与文件核查合并进行。

(5)出具核查意见:核查组根据核查结果出具核查意见书。

(6)出具核准意见:海事管理机构根据核查意见出具核准意见。对不符合要求的工程应提出限期整改意见。整改期满仍不符合要求的,禁止工程投入使用。

(7)公布核查结果:通航安全核查结果应由海事管理机构对外公布。

14.4　通航安全核查内容

核查内容是核查工作组所应该核对审查的项目,一般情况包括以下内容:

(1)通航安全影响论证发现的问题及建议的处理情况。

(2)通航安全评估发现的问题及建议的处理情况。

(3)涉及海事管理机构的前期手续是否齐全。

(4)有无遗留任何有碍通航安全的物体。

(5)施工期发生的涉及本活动施工作业船舶的水上交通事故、沉船等是否已得到妥善处置。

(6)是否已按通航安全影响论证报告、通航安全评估报告及海事管理机构要求配备了通航安全监管设施、设备并具备使用条件。

(7)是否已制定了工程营运期各项安全应急预案。

(8)是否制定了针对本工程的安全生产相关管理制度。

(9)涉及通航安全的部分是否已由质量监督或检验部门完成检测,并已出具检测或鉴定报告。

(10)是否委托具备资质的单位进行了扫测,并已出具扫测报告和扫测图。

(11)是否按要求设置了导助航设施并已通过航标主管部门组织的效能核查。

(12)码头附属设施配置是否齐全,其结构、强度等是否达到设计要求(仅对码头工程)。

(13)是否已委托具备资质的单位对工程通航净空尺度进行了测量,并已出具测量报告(仅对通航净空尺度要求的工程)。

(14)相关净空尺度是否已通过海事管理机构组织的通航净空尺度审核。

(15)需进行现场海事监管的水上水下活动,是否已具备海事执法人员的现场办公条件。

表14.4-1为水上水下活动通航安全核查简表。

水上水下活动通航安全核查简表　　表14.4-1

活动名称		业主单位	
法人代表		联系方式	
核查专家名单			
核查形式			
通航安全影响论证发现的问题及建议	存在的主要问题	论证报告提出的相关建议	
通航安全评估发现的问题及建议	存在的主要问题	论证报告提出的相关建议	
核查内容及情况记录			
编　号	核　查　内　容	核查情况	整改要求
1	涉及海事管理机构的前期手续是否齐全		
2	有无遗留任何有碍通航安全的物体		
3	施工期发生的涉及本活动施工作业船舶的水上交通事故、沉船等是否已得到妥善处置		
4	是否已按通航安全影响论证报告、通航安全评估报告及海事管理机构要求配备了通航安全监管设施、设备并具备使用条件		
5	是否已制定了工程营运期各项安全应急预案		
6	是否制定了针对本工程的安全生产相关管理制度		

续上表

编　　号	核　查　内　容	核查情况	整改要求
7	涉及通航安全的部分是否已由质量监督或检验部门完成检测，并已出具检测或鉴定报告		
8	是否委托具备资质的单位进行了扫测，并已出具扫测报告和扫测图		
9	是否按要求设置了导助航设施并已通过航标主管部门组织的效能核查		
10	码头附属设施配置是否齐全，其结构、强度等是否达到设计要求（仅对码头工程）		
11	是否已委托具备资质的单位对工程通航净空尺度进行了测量，并已出具测量报告（仅对通航净空尺度要求的工程）		
12	相关净空尺度是否已通过海事管理机构组织的通航净空尺度审核		
13	需进行现场海事监管的水上水下活动，是否已具备海事执法人员的现场办公条件		
14	其他需要核查的内容		
专家组核查意见 专家组组长： 二〇一×年××月××日			
海事管理机构核准意见 核准海事机构（章） 二〇一×年××月××日			

制表：中华人民共和国海事局

14.5　核查要求

在通航安全核查工作中，除了核查时间、内容、程序等规定外，还有以下几项相关和特别规定：

(1)各省级直属海事局要建立并完善通航安全核查专家库，专家库成员一般应具备高级职称，专业构成应尽可能涵盖当地水上水下活动涉及的专业类别。专家库应每年度调整一次，并报部海事局备案。

(2)对无法或不便于进行现场核查的水上水下活动，可不进行现场核查，业主单位应向海事管理部门提供达到相关要求的证明文件材料，作为替代现场核查的依据。

对于一次设计、分期完成的水上水下活动，业主单位可以对已完成并符合通航安全核查条件的部分提出分期核查申请。

(3)工程投入使用前，业主单位应按规定向海事管理部门申请发布航行警(通)告，将工程相关情况向社会公告。

第 15 章　参与交通主管部门组织的竣工验收

港口工程竣工验收，是指港口工程完工后、投入使用前，对港口工程质量、执行国家和行业强制性标准情况、投资使用情况等事项的全面检查验收，以及对港口工程建设、设计、施工、监理等工作的综合评价。

港口工程竣工验收由竣工验收部门组织质量监督机构、当地海事管理机构、有关行政主管部门、有关专家组成竣工验收委员会实施。港口工程项目法人、设计单位、监理单位、施工单位等应当参加竣工验收工作。

港口工程竣工验收，应当遵循公开、公正、真实、科学的原则。

15.1　竣工验收对象

港口工程竣工后，经验收合格方可投入使用。此处所称港口，是指具有船舶进出、停泊、靠泊，旅客上下，货物装卸、驳运、储存等功能，具有相应的码头设施，由一定范围的水域和陆域组成的区域。

港口工程竣工验收，实行统一管理、分级负责制度。交通部统一管理全国港口竣工验收工作。经国务院投资主管部门审批、核准和经交通部审批的港口工程竣工验收，由交通部负责；省级人民政府投资主管部门审批、核准和省级交通主管部门审批的港口工程竣工验收，由省级交通主管部门负责；其他港口工程由港口所在地港口行政管理部门负责竣工验收。

交通部和省级交通主管部门负责竣工验收的港口工程，由该港口所在地港口行政管理部门组织初步验收。初步验收合格后，由港口行政管理部门向省级交通主管部门提出竣工验收申请，其中交通部负责竣工验收的，由省级交通主管部门向交通部转报竣工验收的申请材料。

由省级交通主管部门和港口所在地港口行政管理部门负责竣工验收的，在竣工验收完成后，省级交通主管部门和港口所在地港口行政管理部门应当将竣工验收的有关情况向交通部备案。

15.2　竣工验收条件

港口工程进行竣工验收应当具备以下条件：

(1)港口工程有关合同约定的各项内容已基本完成，申请竣工验收的建设项目有尾留工程的，尾留工程不得影响建设项目的投产使用，尾留工程投资额可根据实际测算投资额或按照工程概算所列的投资额列入竣工决算报告，但不得超过工程总投资的5%。施工单位对工程质量自检合格，监理工程师对工程质量评定合格，项目法人组织设计、施工、监理、工程质量监督等单位进行的交工验收合格。

(2)主要工艺设备或设施通过调试具备生产条件。

(3)一般港口工程经过3个月试运行；设有系统装卸设备的矿石、煤炭、散粮、油气、集装箱码头等港口工程，经过6个月试运行，符合设计要求。

(4)环境保护设施、安全设施、消防设施已按照设计要求与主体工程同时建成，并通过有关部门的专项验收；航标设施以及其他辅助性设施已按照《港口法》的规定，与港口同时建设，并保证按期投入使用。

(5)竣工档案资料齐全，并通过专项验收。

(6)竣工决算报告编制完成，并通过审计。

(7)廉政建设合同已履行。

15.3　竣工验收内容

港口工程竣工验收的内容是：

(1)审查港口工程是否具备国家规定的审批文件及相关手续。

(2)检查港口工程实体质量。

(3)检查港口工程合同履约情况，审查有关竣工档案资料。

(4)检查国家和行业强制性标准执行情况。

(5)核定码头靠泊等级、吞吐能力以及进出港口的航道等级。

(6)检查环境保护、劳动安全卫生、消防、档案等专项验收情况。

(7)检查对港口工程竣工决算报告的审计情况。

(8)检查廉政建设合同执行情况。

(9)确定工程质量等级。

(10)对存在问题和尾留工程提出处理意见。

(11)形成、通过并签署《港口工程竣工验收鉴定书》。

15.4　海事管理机构参与验收注意事项

1)核对海事相关手续的办理情况

主要核对通航安全影响论证、通航安全评估、通航水域岸线安全使用许可、水上水下活动许可、通航安全核查等海事相关手续是否办理。

2)核对工程技术参数

主要核对港池、航道和导航、助航设施具备设计船型进出港和靠离码头的条件。

3)核对通航安全影响论证与评估相关结论落实情况

对照通航安全影响论证与评估专家评审意见,核对有关结论是否得到落实。

4)核对通航安全核查有关意见的落实情况

对照通航安全核查核准意见,核对有关结论是否得到落实。

5)核对"三同时"有关要求的落实情况

主要核对航标设施以及其他辅助性设施已按《港口法》的规定,与港口同时建设,并保证按期投入使用。

第 16 章　营运期通航安全监督管理

涉水工程的建设一般从项目立项、工程可行性研究、初步设计、施工图设计阶段之后，便进入施工阶段；施工结束通过通航安全核查之后就进入日常运营阶段。负责涉水工程营运的有业主单位或经营管理单位；对于涉水工程的营运进行监督管理的有海事、公安、消防、港航等机构。

涉水工程的营运监督管理应遵循的原则和要求是“政府统一领导、部门依法监管、企业全面负责、群众参与监督、社会广泛支持”。

16.1　业主单位或经营管理单位主体责任

(1)负责工程项目建成投入使用后的有关水上交通安全维护工作。建立健全本单位通航安全责任制，制定有关通航安全规章制度(例如通航安全投入及费用提取和使用制度，水上交通安全设施、设备的管理、检修和维护制度)，确保本单位通航安全所必需的资金投入，并将该投入纳入本单位全年经费预算。

(2)配齐通航安全管理人员。指定专人负责与海事管理机构保持联系。联系人应熟悉工程涉及水域及附近通航环境，具备一定的航海、设计、管理类资历，并经过海事管理机构的专业培训。

(3)督促、检查本单位水上水下活动的通航安全工作，认真监控、及时消除水上交通安全事故隐患。定期组织开展安全检查，及时消除不安全因素。对检查出的问题应立即整改；不能立即整改的，应制定相应的防范措施和整改计划，限期整改。

(4)定期维护工程水域助航专用标志和水域水深，保证专用标志功能的正常发挥和水域的正常水深。无维护能力的，可签订委托维护协议，委托有资质、有能力的专业单位进行维护，有关费用由业主单位或经营管理单位承担。

(5)建立各类水上交通安全事故应急预案，并定期组织演练。发生水上交通安全事故时，及时、准确、完整报告事故，有效组织事故应急救援工作；配合水上交通安全事故的调查和处理，制定水上交通事故预防措施并有效执行。

(6)业主单位和经营管理单位不一致的,业主单位应及时将经营管理单位的有关信息报海事管理机构备案。

16.2　海事监管职责

从海事机构监督管理而言,对涉水工程的监督管理要从早期介入、水工工程通航安全审核、水上水下施工作业审批、水工作业现场监督管理、通航安全验收后,进入了对水工建筑物的日常监督管理阶段,即对水工建筑物在投入运行后,根据不同的种类进行有针对性、有目的性的管理,来保障水工建筑物发挥正常功能。

涉水工程投入运行后,随着水文、气象以及企业生产发展的需要,水工建筑物的各项要素,如水深、码头靠泊强度等会发生一定程度的变化,随之给海事部门对涉水工程的监督管理带来了新的要求。因此,涉水工程日常监督管理的作用体现了以下几个方面:

(1)维护水工建筑物附近水域的良好通航秩序和通航环境。

(2)保障水工建筑物功能的正常发挥。

(3)对水文、气象以及水工建筑物自身结构所产生的问题及时处理,保障处于安全使用范围。

(4)防止水工建筑物受到非正常因素的损坏。

涉水工程日常监督管理与海事日常监督管理既有联系又有区别。联系在于涉水工程日常监督管理与海事日常监督管理都是为了维护正常的通航秩序和通航环境,保障涉水工程的正常运行。区别在于涉水工程日常监督管理的内涵小,海事日常监督管理的内涵大,涉水工程日常监督管理属于海事日常监督管理的一项专业内容,涉水工程日常监督管理侧重于涉水工程的微观管理,而海事日常监督管理侧重于整个通航水域秩序的宏观调控。

各级海事管理机构依法对辖区涉水工程建设单位、施工单位、业主单位和经营管理单位落实通航安全责任情况实施监督管理,应当依据各自的职责,实施严格监管和有效指导,推动企业安全生产责任落实到位,要督促和指导涉水工程建设单位、施工单位、业主单位和经营管理单位制定和落实通航安全生产责任制。

各级海事管理机构应当建立专项监督检查、综合监督检查、联合执法检查以及举报案件查处等监督检查制度,及时督促企业排查事故隐患及做好整改,加强对生产经营单位落实安全生产责任情况的监督检查。对在监督检查过程中发生的下列情形予以通告并跟踪整改:

(1)施工过程中发生水上交通事故和船舶污染事故,造成人员伤亡和重大水域污染的。

(2)以不正当手段取得许可证并违法施工的。

(3)不服从管理,未按规定落实水上交通安全保障措施,存在重大通航安全隐患,拒不整改而强行施工的。

(4)不具备正常通航条件,拒不整改而强行运营的。

16.3　企业主体责任落实的海事监察

为强化涉水工程监管的动静态结合,督促指导业主单位或经营管理单位有效落实安全生产主体责任,切实维护辖区通航安全形势稳定,海事管理机构可以通过海事监察的方式开展监管工作。

核查运营监察具体指对涉水工程运营阶段涉水工程业主单位或运营单位的安全责任落实情况的监察。

16.3.1　监察程序

(1)业主单位或经营管理单位申请《水上水下活动许可证》或通航安全核查验收时,应同时申领《涉水工程安全责任落实监察记录簿》。

(2)水工管理部门应及时将《涉水工程施工监察通知书》或《涉水工程安全责任落实监察任务通知书——核查运营监察》(附件1)下发至其所属相关海事处(办事处)或(及)执法支队(以下简称现场监管部门)。

(3)现场监管部门应在3个工作日内制定出该涉水工程的监察计划,指定2名涉水工程监察员(以下简称监察员),并报备本单位水工管理部门。

(4)监察工作的实施分为初步监察和详细监察,有下列情形之一的,应在初步监察基础上开展详细监察:①取得水上水下活动许可证7日内的或通过核查一个月时间内的;②三个月内未经海事管理机构详细检查的,被举报通航安全责任存在较大隐患的;③发现在机构建设、责任制度、人员配置等方面存在明显缺陷的;④上级海事管理机构要求进行详细监察的。

有下列情况之一的,应直接开展详细监察:①对于近期发生海上安全事故的;②近期受到海事管理机构行政处罚的;③上级海事管理机构要求进行详细监察的。

(5)监察员按照《涉水工程安全责任落实监察记录簿》相关内容实施监察,并依据有关法律、法规及规范性文件的要求,合理运用专业知识对存在的缺陷做出判断,在《涉水工程安全责任落实监察记录簿》中《涉水工程安全责任落实监察报告》(附件2)“处理意见”栏内签注以下一种或者几种处理意见:①当天纠正;②十四天

内纠正；③一个月内纠正；④责令停止施工（通航）；⑤吊销许可证；⑥法律、行政法规规定的其他措施。

拟实施第4、5项措施前，监察员须先将有关情况报告本单位水工管理部门负责人。海事管理机构水工管理部门负责人在做出复核判断后，报主管领导批准后实施。停止施工（通航）措施的实施程序按行政处罚相关程序实施。

（6）被监察单位有权对监察员提出的缺陷以及处理意见当场进行陈述和申辩。监察员应充分听取被监察单位意见。

（7）被监察单位应当按照海事管理机构签发的《涉水工程安全责任落实监察记录簿》的要求，对存在的缺陷进行纠正，并申请复查。

（8）监察员收到复查申请后应尽快开展。被监察单位申请解除停止施工（通航）措施的，监察员应将复查结果报告本单位水工管理部门负责人及主管领导同意后，在《涉水工程安全责任落实监察报告》（附件2）“处理意见”栏内签注相应的缺陷处理代码。

附件 1

涉水工程安全责任落实监察任务通知书——核查运营监察

<table>
<tr><td>项目名称</td><td colspan="4"></td></tr>
<tr><td rowspan="2">业主单位或经营管理单位</td><td>名称</td><td colspan="3"></td></tr>
<tr><td>联系人</td><td></td><td>联系电话</td><td></td></tr>
<tr><td>组织核查单位</td><td colspan="4"></td></tr>
<tr><td>通过核查时间</td><td colspan="4"></td></tr>
<tr><td>核查意见主要内容</td><td colspan="4"></td></tr>
<tr><td>开始运营时间</td><td colspan="4"></td></tr>
<tr><td>监察要求</td><td colspan="4"></td></tr>
</table>

附件 2

涉水工程安全责任落实监察报告

项目名称：________________________________

监察单位：________________________________

被监察单位：________________________________

安全负责人姓名：________________　监察日期：________________

缺陷代码	缺陷描述	处理意见	备注

□　初步检查　　　　□　详细检查

安全负责人签名：________________监察员：________________

复查签注：

处理代码：01 立即纠正　02 十四天内纠正　03 一个月内纠正　10 缺陷已纠正
30 责令停止施工（通航）　99 其他措施（文字说明）
行动建议代码：40 本单位约谈　41 上级单位约谈　50 企业内部通报
51 属地通报　52 行业通报　99 其他文字说明

16.3.2　监察内容

核查运营监察内容见表16.3-1。

涉水工程安全责任落实监察缺陷处理建议表　　表16.3-1

业主单位或经营管理单位安全监察				
初 步 检 查				
缺陷代码	缺 陷 项 目	首选/备选	依 据	备 注
0501	未建立健全本单位通航安全责任制，制定有关通航安全规章制度（例如通航安全投入及费用提取和使用制度，水上交通安全设施、设备的管理、检修和维护制度）	02/30	五号令第十六条	行政处罚，五号令第三十条
0502	未明确主要负责人是安全生产第一责任人	01	指导意见第一条	
0503	未设置通航安全管理机构或相关部门未落实通航管理职责	01/30	安全生产法第十九条	行政处罚，安全生产法第八十二条
0504	未配齐通航安全管理人员	01/30	安全生产法第十九条	
0505	未依法组织从业人员参加安全生产培训，取得相关上岗资格证书	02/30	安全生产法第二十一条	行政处罚，安全生产法第八十二条
0506	未按照规定开展安全生产宣传教育	02	安全生产法第二十一条	
0507	未定期组织开展安全检查，及时消除不安全因素	02	安全生产法第十七条、三十八条，五号令第十六条	
0508	未及时开展事故应急演练和救援	02	五号令第十八条	
0509	未定期对码头、航道、航标等进行检测维护	02	五号令第二十二条	

续上表

详细检查				
缺陷代码	缺陷项目	首选/备选	依据	备注
0600	通航安全责任			
0601	各岗位的责任人员、责任内容和考核奖惩等事项不明确	01	指导意见第一条	
0602	安全责任未落实到岗位	01	指导意见第一条	
0603	未形成完整的制度和责任体系	03/02	五号令第十六条	
0610	资金投入责任			
0611	确保本单位通航安全所必需的资金投入,并将该投入纳入本单位全年经费预算	02/30	安全生产法第十八条,五号令第十六条	行政处罚,安全生产法第八十条
0612	未保证通航安全方面的教育培训资金投入	02	安全生产法第十八条	
0620	安全管理人员			
0621	未指定专人负责与海事管理机构保持联系	01	五号令第十六条	
0622	安全管理人员不熟悉工程涉及水域及附近通航环境,具备一定的航海、设计、管理类资历,未经过海事管理机构的专业培训	02	五号令第十六条	
0630	隐患排查			
0631	未督促、检查本单位水上水下活动的通航安全工作,未及时消除水上交通安全事故隐患	02	安全生产法第十七条,五号令第十六条	
0632	未对检查出的问题应立即整改;不能立即整改的,未制定相应的防范措施和整改计划,限期整改	30	五号令第十六条	行政处罚,五号令二十七条
0640	通航维护			
0641	未定期维护工程水域助航专用标志和水域水深,保证专用标志功能的正常发挥和水域的正常水深	02	五号令第二十二条	

续上表

缺陷代码	缺 陷 项 目	首选/备选	依 据	备 注
0642	无维护能力的,未签订委托维护协议,委托有资质、有能力的专业单位进行维护,有关费用由业主单位或经营管理单位承担	02	五号令第二十二条	
0650	事故应急预案			
0651	未建立各类水上交通安全事故应急预案,并定期组织演练	02	安全生产法第十七条,五号令第二十二条	
0652	发生水上交通安全事故时,未及时、准确、完整报告事故,未有效组织事故应急救援工作	30/01	安全生产法第十七条,海安法第四十二条	
0653	未配合水上交通安全事故的调查和处理,未制定水上交通事故预防措施并有效执行	30	海安法第四十二条	
0660	码头管理			
	业主单位和经营管理单位不一致的,业主单位未及时将经营管理单位的有关信息报海事管理机构备案	01	五号令第二十二条	
0699	其他			

16.3.3　监察要求

(1)监察员应做好涉水工程相关信息档案管理工作。

(2)监察员及时回复相关业务咨询,收集施工方的需求和困难,并积极帮助协调解决存在问题。

(3)监察员与涉水工程管理员、现场监督员保持密切沟通,及时做好信息的相互通报工作。

16.4　常见涉水工程日常监督管理要点

16.4.1　码头

港口是交通运输的枢纽、水陆联运的咽喉。码头作为港口组成的重要元素，凡进行海上（内河）运输的客货，都要经过码头来装卸或转运。因而，码头的日常监督管理显得十分重要。

1）码头安全使用核定

（1）码头须严格按海事部门依据有关规范核定的实际靠泊能力来接卸船舶、安排船舶进出港、靠泊和作业，靠泊能力涉及码头的靠泊负荷、船舶吃水、尺度及吨位等因素。

（2）码头不得接受超出码头实际靠泊能力的船舶来港靠泊作业（特殊情况须经有关方面制定安全操作方案并经海事部门组织论证后特别核准）。

（3）码头接靠船舶不得超过海事部门核定的靠泊宽度。

（4）必要时，码头实际靠泊能力可由专门机构或专家进行专题论证及提出论证报告，并在组织专家评审通过后，海事部门可依据报告结论重新核定码头实际靠泊能力。

（5）码头接卸船舶来港前，须确保码头相关因素满足下列安全要求：①航道宽度、水深应满足不同船舶类型的要求；②船舶掉头水域的直径根据不同水域状况应满足1.5～2.5倍的船长；③码头长度、港池宽度满足船舶的尺度及系缆要求；④码头前沿水深应保证船舶安全停靠、作业及安全离泊；⑤码头结构强度与荷载应满足拟靠船舶吨位；船舶系缆要满足系妥所有应系缆绳并保持松紧适度的状态且缆绳之间、缆绳与码头之间不产生损害性摩擦。

2）码头安全靠泊及作业监督管理

（1）对于拟接靠船舶的码头，必须满足下列条件：①泊位预留挡距至少为船长的120%；②泊位上的护舷应处于良好的状态；③泊位前沿清爽并不得存在水下障碍物且具有足够的水深；④码头设置指泊标志，并配备足够的带缆人员；⑤码头装卸机械在船舶靠离泊前应移至安全位置；⑥协拖拖轮配备应能满足船舶驾引人员安全靠、离泊的需求；⑦船舶夜间进行靠离泊作业，码头必须保证配备有效的照明设施，其发光强度及角度应能够满足船舶靠、离泊作业的安全要求；码头照明设施应妥善遮蔽，不得影响航标效能和过往船舶航行的瞭望；⑧海事部门认为必须满足的其他有关安全要求。

(2)靠泊:①船舶在整个靠泊过程中,除应满足安全系缆要求外,在只具备码头顶层横向护舷的泊位上,船舶的干舷上边缘应确保始终高于码头护舷高度;②船舶在有点式靠船墩的码头靠泊时,船体必须均匀靠妥至少两个靠船墩,并应平靠平离;③靠泊作业过程中的船舶间的安全间距或当其所靠泊位为相邻折线码头时的安全间距,满足海事部门核定的要求;④泊位上的护舷装置,码头应经常检查,发现损坏应及时修复,发现护舷落水应及时报告海事部门并打捞清除;如遇护舷装置严重损坏或脱落,致使护舷的螺栓突出但又无法立即修复的,必须加挂足够数量的替代护舷,否则不能靠船;对于超过使用期限的护舷装置应及时更换;⑤协拖拖轮和带缆人员在协助船舶靠离泊作业过程中,应服从驾引人员的指挥,提供及时有效的服务。

(3)装卸:①要随时注意码头前沿水深的变化,对乘潮进港的大吃水船舶应及时组织抢卸,以防船舶坐浅;装船过程中如继续作业可能导致船舶坐浅时,应立即停止装货作业;②船舶装卸过程中其横倾角不得超过3°;③散装货物在装船完毕或临时移泊,船舶必须处于无横倾状态,且舱口围垂线以内要基本装平,货物面最低点与最高点的高度差不得超过1m;凡装半载或不能装满舱的船舶,装货完毕港口应予平舱;④为确保船舶航行安全,码头在装运货物时应对货物状态予以密切关注,不得将着火原煤或温度过高的货物装上船舶;⑤船舶装船过程中,码头装卸现场人员须随时注意船舶吃水变化,不得超载。

(4)安全要求:载运危险货物的船舶进出港口、靠离非专用码头或进行装卸作业,港口作业环境应满足下列有关安全要求。

①进出港时气象条件应为良好;②资深驾引人员亲自驾驶、引领;③拖轮在协助靠离泊时,应慢速进退,轻顶轻推;④码头护舷除应完好且符合规范外,其与船体接触部位应为软质表面材料;⑤船舶周围安全区域(包括水上陆上)应符合该类危险品的规范要求;⑥陆上安全区域外围界限须设立明显标志并有警戒人员值班;水上安全区域在必要时应设立警戒船舶或警戒标志;⑦安全区内应配备完好并足以保证需要的消防或其他救急设施;⑧作业人员须具备安全培训合格证并在作业时佩戴有关安全防护装置及穿着符合有关安全要求的防护服;⑨安全区内使用的设备、工具须满足该类危险品的安全要求;⑩码头所有人应制定有关的突发事故(火灾、爆炸、溢漏、腐蚀、污染及人身伤害等)的应急措施并据以落实;⑪海事部门要求的其他事项。

(5)服从指挥:因气象原因影响船舶航行、停泊和作业安全时,港口有关各方应服从主管机关的统一调度指挥。

3)码头前沿水深的测量

码头前沿及附近水下地形的测量在码头的正常使用中较为重要。由于水文、气象变化,航道变迁等,会导致码头前沿及附近水下地形的淤积或冲刷,尤其是在长江等内河通航水域,每年的洪水、枯水期水流的流速、含泥沙量等不同,导致不同水域的淤积和冲刷。码头前沿及附近水下地形淤积,则满足不了船舶水深的要求,如不疏浚会发生搁浅、擦浅或根本不好靠的局面;码头前沿及附近水下地形冲刷,导致码头前沿水深进一步变深,如不护底会发生码头下部结构与泥沙摩擦作用减少,从而导致码头靠泊负荷降低的情况。

(1)新建码头或新开辟的供船舶航行、停泊或作业的专用水域均应进行初次核定,并应至少满足下列要求:①泊位前沿、港池、掉头水域、航道应全面测量;②泊位前沿应为从码头跟部向外至设计船宽的两倍水域,测量应从码头跟部测起,特殊情况下经海事部门同意可从距码头跟部 2m 测起;③测深图上应标出相关码头边界及所有可供定位的设施。

(2)由于受风浪、海底变迁、营运洒落、泥沙冲淤等因素的影响,海港、河港码头应根据不同的情况,按海事部门核定的测量要求对码头前沿及附近水域应进行定期测量。

(3)码头水域发现下列情况之一者应进行水深特别测量:①港口经过较大的风暴潮,使港口发生骤淤现象;②船舶正常靠泊时发生擦、搁(座)浅事故;③有较大物件落水;④其他引起水深突然变化的情况。

(4)码头前沿及附近水下地形的测量应由满足资质要求的测量单位进行测量,同时需要注意理论基准面与实际水深的关系。

4)码头升等改建

随着船舶日趋大型的需要,码头在经过一段时间使用后,企业根据生产发展向海事部门提出码头提升靠泊能力或改建的需要。

码头的升等改建具有以下几种形式:加固水工结构、更换大负荷系缆墩、接长码头、增加护舷等方式。

码头升等改建对通航环境产生较大的影响,升等改建后接靠船舶负荷较以往幅度增加较大,且需要工程船进驻现场作业的,码头所有人需向海事部门提出申请,按新建码头要求进行通航安全审核;如升等改建幅度不大,可酌情简化处理。

16.4.2　桥梁

桥梁建成以后,为保障桥上水下交通运输的正常运行,海事部门根据潮汐、航道情况,对桥梁水域范围、桥孔编号、净空高度、通航桥孔分布、通过大桥的最大船舶、船队尺度等要求以航行通告形式发布。为保障桥梁及过往船舶航行安全，桥梁日常监督管理涉及三部分：一是桥梁所有人或经营人；二是过往船舶；三是桥区水域通航秩序管理。

（1）桥梁所有人或经营人必须做到：①建立健全安全管理体系，落实各项安全措施；②负责设置和维护桥涵标、桥柱灯、界限标及大桥水域的助航标志，并使其处于正常状态；③负责保持大桥水域良好的通航环境，并接受海事部门的监督管理；④根据海事部门的要求，定期提供大桥水域的航道测图及其他水文资料。

（2）船舶通过桥梁水域必须做到：①在 VTS 覆盖区内，船舶应遵守 VTS 的有关规定，向 VTS 中心报告本船的船位及动态，接受并服从 VTS 中心的监控和管理；②船舶通过桥区水域前，应对舵、锚、主辅机、航行信号、船队系缆及拖带设备等进行严格检查，保持良好技术状态，落实安全措施，确保安全通过；③通过桥梁的船舶，应采取一切有效手段尽早与当地主管机关和过往船舶取得联系，确保过桥安全；④船舶应具有良好的操纵性能，服从海事部门关于航速的要求，或应保持足够舵效的航速；⑤通过桥梁的船舶，应根据桥梁的通航净空高度留足安全系数，船队通过桥梁的最大尺度，由海事部门以航行通告的形式发布；⑥机动船进入桥梁水域前，应按规定显示有关信号外；⑦在能见度不良的情况下，禁止船舶通过桥梁水域；⑧船舶过桥前，发现桥梁水域航道、航标等不正常或本船船位不正，不能确保安全过桥时，不得通过；⑨船舶航经桥区水域时，应顺序通过，相互间保持安全距离，禁止追越或并列行驶；⑩船舶通过桥区水域时，应当由船长或必须由熟悉桥区情况、技术熟练的驾引人员操作，但是出现桥轴法线与水流夹角大于 5 度时、通航桥孔的通航净宽小于船舶（队）长度时、遇大风雨等恶劣天气时、遇其他异常情况驾驶员认为没有把握时，必须由船长亲自指挥操作；⑪服从其他海事部门的管理要求。

（3）桥区水域通航秩序管理：①严禁任何船舶、设施在桥区水域内从事穿越、抛锚、掉头、捕捞、编解队、过驳、采掘等行为；②未经主海事部门批准，任何单位、个人及船舶不得在桥梁水域内进行测量、试航、打捞作业及水上旅游等；③未经海事部门批准，任何单位和个人不得在桥梁水域内增设码头及其他水上设施；④对通航桥孔的桥梁结构进行维修、作业，必须提前七日向海事部门申报，经批准后方可进行；⑤桥区水域船舶航路、通航桥孔和航标的变更，由海事部门以航行通（警）告发布相关信息。

16.4.3　渠化工程枢纽通航建筑物

渠化工程枢纽通航建筑物常见的有船闸、升船机、引航道等。对规范坝区水上交通安全监督管理，海事部门依据实际状况划定水上交通管理区域。而交通管制区域划分禁航区和交通管制区,禁航区分上游禁航区和下游禁航区,交通管制区分上游交通管制区和下游交通管制区。

由于渠化工程枢纽的特殊作用,对通航建筑物的日常监督管理较为严格,日常监督管理涉及三部分,一是坝区管理;二是过往船舶;三是交通管制区域通航秩序管理。

(1)坝区管理部门必须做到:①运行部门、港口经营人应当编制防污应急预案,报海事部门备案;②禁航区、交通管制区、锚地、横驶区等应当按规范设置明显的警示标志、助航标志;③如遇特殊情况引起水位骤变,应当立即通知海事部门。

(2)船舶通过渠化工程枢纽通航建筑物必须做到:①船舶进入交通管制区时应当向海事部门报告船名、船舶种类、船舶尺度、载货性质、进入交通管制区的时间和目的等情况;船舶进入交通管制区后应当听从海事部门的指挥;②船舶在交通管制区内应当采用安全航速航行,并由船长、轮机长指挥或者值班;③船舶进出船闸、升船机及其引航道应当提前检查船况,避免突发性故障影响船闸运行,禁止船舶在引航道内追越和并列行驶等;④载运危险货物的过坝船舶应当符合船舶载运危险货物的有关规定,并持有相应的有效证书和证明文件及单证;⑤船舶和有关单位不得违反规定向水体投弃垃圾、排放污染物和有害物质,或者从事任何可能造成水域污染的其他作业;⑥需进入禁航区的抢险及清污船舶和公务船舶应当及时将船名、进入禁航区的目的、安全措施、进入和离开禁航区时间等情况报海事部门;⑦服从其他海事部门的管理要求。

(3)交通管制区域通航秩序管理:①未经许可,严禁任何船舶、设施在桥区水域内从事穿越、抛锚、掉头、养殖、种植、捕捞、编解队、过驳、采掘、试航、测速等行为;②未经许可,在交通管制区内,禁止构筑、设置任何水上水下设施;③禁止处于不适航状态的船舶进入交通管制区;禁止超过船闸闸室有效尺度的船舶过坝;禁止在航行、锚泊的船舶间相互过客、转载;禁止船舶在锚地以外的水域锚泊或者抵坡停泊;④禁航区和引航道内禁止游泳;⑤通航信息的变更,由海事部门以航行通(警)告发布相关信息。

16.4.4　水下地形建筑物

水下地形建筑物包括防波堤、护岸、防沙、导流堤等,目的是为了满足通航、水利的要求,维护和改善水下地形而设置的建筑物。从通航角度而言,在这些水下地形建筑物建成以后,日常监督管理主要是发现水下地形建筑物有损坏的或附近水域存在冲淤情况的,及时通报有关部门,并提醒有关船舶注意水深变化。

16.4.5　修造船建筑物

修造船建筑物涉及的日常监督管理除船舶出坞下水外，其余基本同码头日常监督管理。出坞下水日常监督管理主要涉及两部分：一是修造船企业；二是附近水域通航秩序管理。

(1)修造船企业必须做到以下几点：①船舶出坞或下水前，应将船舶尺度、出坞或下水方案、安全措施、气象选择等向海事部门报备；②对通航环境影响较大的，申请巡逻艇或拖轮维护附近水域通航秩序；③严格按海事部门认可的方案操作。

(2)附近水域通航秩序管理：①海事部门应对船舶出坞或下水附近水域的通航秩序利用VTS监控、巡逻艇现场维护进行控制；②严格防止过往船舶窜入控制水域；③必要时发布航行警告。

16.4.6　水上水下电缆管道

水上水下电缆管道的日常监督管理包括两部分：一是所有人或经营人；二是附近水域通航秩序管理。

(1)所有人或经营人须做到以下几点：①按规定设置水上水下电线管道信号标志，以便提醒过往船舶注意；②对水下电缆、管道的路由调查、勘测和维修、拆除等施工作业，不得妨碍正常的通航秩序；③对水上架空电缆应定期观测垂点，如发生非正常变化，须立即向海事部门报告，并采取相应的措施，确保过往船舶安全。

(2)附近水域通航秩序管理：①对过往水上水下电缆管道附近水域的船舶，利用发布航行通(警)告、VTS监控、巡逻艇现场维护等方式加强管理；②严禁任何船舶在水下电缆、管道附近水域抛锚、采砂、捕捞等作业；③对经过架空电缆的船舶，核定其通航净空，确保船舶安全驶过架空电缆区域。

16.5　其他交通运输主管部门的责任

1)安全管理责任

要根据涉水工程对水上通航安全的影响情况制定相应的安全管理规定，加强水上交通秩序管理，并落实建设单位、业主单位、水运经营企业以及航行船舶的责任和义务。

2)监督检查责任

加强各类涉水工程建设期和建成后的水上交通安全监管，维护水上交通秩序；加强安全检查和日常巡查，注重过程监管，发现安全隐患要及时要求涉水工程建设单位、业主单位督促施工单位和经营管理单位进行整改，对发现的重大问题要及时通报有关部门，对不具备安全生产条件的施工建设项目，要责令停工；严把涉水工程建设市场准入关，严肃查处建设单位、施工单位违规使用、雇佣不符合安全作业条件船舶参与水上施工作业。

3）事故隐患排查责任

加强隐患排查的督查工作，从源头上控制事故隐患。健全重大隐患公告公示、挂牌督办、跟踪治理和逐项整改销号制度，充分依靠和发动广大从业人员参与隐患排查治理，推进安全生产各项措施落实；对排查治理隐患不认真、走过场的单位予以公开曝光，限期整改，在整改期间不得继续施工；鼓励广大职工群众举报非法建设、非法生产、非法经营行为，形成全社会重视、支持和参与安全生产的良好氛围。

4）加大责任追究力度

严格执行各类涉水工程安全责任追究制度，对每一起事故，都要按照事故原因未查清不放过、责任人员未处理不放过、整改措施未落实不放过、有关人员未受到教育不放过的"四不放过"原则，严格事故查处，并及时公布处理结果；对严重违反规定的，即使没有发生事故，也要依法追究相关单位和相关人员的责任；做到严格执法、廉洁执法、公正执法，自觉接受舆论监督和社会监督，对执法人员在涉水工程监管过程中失职、渎职的，要依法依纪严肃处理。

第 17 章　通航相关技术参数定期检测

港口设施在通过通航安全核查投入使用之后，随着使用时间的增加，码头结构和泊位、港池、航道、锚地水深等可能受到环境变迁、材料老化等的影响失去原有的通航能力。根据《水运工程质量检验标准》(JTS 257—2008)和《水运工程测量规范》(JTS 131—2012)等文件规定，业主单位或经营管理单位有义务定期对通航有关技术参数进行检测，及时采取措施确保工程水域的通航能力正常，并及时向有关主管机关报告。

海事管理机构负责督促辖区相关业主单位或经营管理单位委托有资质的单位对涉水工程进行定期检测或特别核定，并对检测报告进行审核备案。对不能达到设计要求的涉水工程，应督促其及时整改，必要时采取限制船舶控制尺度或禁止船舶从事相关作业等措施。

17.1　业主单位或经营管理单位责任

业主单位或经营管理单位定期对投入使用的港池、航道水深及泊位状况等通航区域技术参数的检测，及时维护工程水域助航专用标志和水域水深等，确保相关参数达到设计标准，实现应有效能，满足船舶安全航行、停泊和作业的要求。无维护能力的，可签订委托维护协议，委托有资质、有能力的专业单位进行维护，有关费用由业主单位或经营管理单位承担。

17.2　检测内容

17.2.1　码头

(1)港口码头应定期对码头的结构状态进行检测核定。原则上，重力式码头每五年检测核定一次，其他类型码头每三年检测核定一次，各分支机构可根据辖区实际情况提出具体要求。

(2)码头所有人对其所属码头按规定期限检测后向海事部门递交《码头结构状态评估报告》,报告包括以下内容:①码头基本概况:建造时间、结构、用途、设计吨位、荷载;②内部结构的检测时间及方式;③检测结果:码头结构强度、荷载是否受到影响及影响程度、靠泊能力是否下降、是否需要特别维护。

(3)码头在被船舶触碰或在码头上堆放超出码头承受能力的荷载或遭强风浪撞击,致使码头强度、结构发生变化或码头出现沉降现象时,码头所有人应及时对码头的靠泊能力进行特别核定。

(4)损坏的码头经特别检测后应出具至少包括以下内容的《码头结构状态评估报告》:①码头损坏过程;②特别检测的时间和方式;③码头结构、强度受损情况以及对船舶安全靠泊的影响程度;④修复意见。

17.2.2　航道、港池等通航功能水域

(1)关于航道、港池、码头前沿停泊水域、锚地、抛泥区等通航功能水域的测量核定,各分支机构应根据辖区实际情况督促相关港口企业委托有资质的单位定期扫测。

(2)对扫测周期、报告和测图的相关要求参照相关水运工程测量规范执行。

(3)港口水域发现下列情况之一者应进行水深特别核定:①港口经过较大风暴潮,使港口发生骤淤现象;②船舶正常航行(或停泊)时发生擦、搁(座)浅事故;③有较大物件落水;④其他引起水深突然变化的情况。

17.3　实施程序

(1)分支机构负责督促业主单位或经营管理单位委托有资质的单位对码头、航道、港池等涉水工程的通航设计参数进行检测。

(2)码头、航道定期检测、核定工作由业主单位或经营管理单位负责组织,并由具备以下条件的单位实施检测:①具备相应的主管部门核发的资质证书、工商营业执照;②港口及疏浚施工单位以外的第三方。

(3)分支机构负责对检测报告进行审核,写出审核报告,出具审核意见。

(4)经审核,码头、港池和航道达到设计标准的,对检测报告予以备案。

(5)经审核,码头、港池和航道不能达到设计尺度的,分支机构负责通过会议、函件等形式及时向相关港口企业进行通报,督促其整改隐患。隐患整改期间,应采取限制进出港船舶控制尺度或禁止船舶从事相关作业等措施。

17.4　相关要求

(1)水深测量核定工作应满足《水运工程测量规范》(JTS 131—2012)的要求，水深测量成果由主管机关审核后统一对外公布使用。

(2)进行水深测量前，港口或工程建设单位应将水深核定工作的具体安排报送主管机关，内容包括：测量原因、测量范围、与测量水域相关的工程概况等。

(3)水深测量开始前十个工作日，测量单位应向主管机关提供下列资料并办理《水上水下施工作业许可证》，按规定申请发布航行通(警)告：①单位资质证书，营业执照；②测量作业合同；③测量施工任务书；④测量技术设计书。

(4)测量工作结束后建设单位或测量单位应尽快向主管机关报送测量成果，测量成果应包括：测深图(一式三份)及测量总结报告，必要时应提供潜水探摸报告和底质照片等资料。测深图的比例尺由主管机关根据实际需要确定。

(5)主管机关对于经过检测和评估证明靠泊能力已经下降的水域工程在未进行修复前将核减其通航能力。

附录　涉水活动通航安全法规及行业标准

本书最后对关于涉水活动通航安全具有直接指导意义的法律法规、行业标准及区域性规范文件进行了分类归纳，以供参考。

一、法律、法规

(1)《中华人民共和国海上交通安全法》(中华人民共和国主席令第7号，1983)；

(2)《中华人民共和国安全生产法》(中华人民共和国主席令第70号，2002)；

(3)《中华人民共和国港口法》(2004年1月1日起施行)；

(4)《中华人民共和国消防法》(中华人民共和国主席令第6号，2008)；

(5)《中华人民共和国海域使用管理法》(中华人民共和国主席令第61号，2001)；

(6)《中华人民共和国渔业法》(2004年修正本)；

(7)《中华人民共和国水污染防治法》(中华人民共和国主席令第87号，2008)；

(8)《中华人民共和国行政许可法》(中华人民共和国主席令第7号，2003)；

(9)《中华人民共和国行政复议法》(2007年5月23日国务院第177次常务会议通过)；

(10)《中华人民共和国环境保护法》(中华人民共和国主席令第9号，2015年1月1日实施)；

(11)《中华人民共和国海洋环境保护法》(中华人民共和国主席令第26号，2000年4月1日实施)；

(12)《中华人民共和国环境影响评价法》(中华人民共和国主席令第77号，2002)；

(13)《中华人民共和国固体废物污染环境防治法》(中华人民共和国主席令第31号，2004)；

(14)《中华人民共和国内河水上交通安全管理条例》(国务院令第355号，

2002)；

(15)《中华人民共和国防治船舶污染海洋环境管理条例》(中华人民共和国国务院令〔2009〕561 号)；

(16)《中华人民共和国航道管理条例》(国务院令第 545 号,2008)；

(17)《中华人民共和国水路运输管理条例》(国务院令第 544 号,2008)；

(18)《中华人民共和国海洋倾废管理条例》(国发〔1985〕34 号,1985)；

(19)《中华人民共和国航标条例》(国务院令 1995 年第 187 号)；

(20)《中华人民共和国船员条例》(国务院令 2007 年第 494 号)；

(21)《中华人民共和国防治船舶污染海洋环境管理条例》(中华人民共和国国务院令〔2009〕第 561 号,2009)；

(22)《中华人民共和国船舶和海上设施检验条例》(国务院 1993 年第 109 号令)；

(23)《中华人民共和国防止拆船污染环境管理条例》(国发〔1988〕31 号)；

(24)《防治海洋工程建设项目污染损害海洋环境管理条例》(国务院令第 475 号,2006)；

(25)《中华人民共和国海洋石油勘探开发环境保护管理条例》(1983 年 12 月 29 日国务院公布)；

(26)《中华人民共和国海上航行警告和航行通告管理规定》(交通部令第 44 号,1993)；

(27)《航道建设管理规定》(交通部令 2007 年第 3 号)；

(28)《中华人民共和国水上水下活动通航安全管理规定》(中华人民共和国交通运输部令,2011 年第 5 号)；

(29)《中华人民共和国海事行政许可条件规定》(交通部令 2006 年第 1 号)；

(30)《长江干流桥区航标设置及维护管理规定》(交基发〔1996〕489 号)；

(31)《中华人民共和国船舶污染海洋环境应急防备和应急处置管理规定》(交通运输部令 2011 年第 4 号)；

(32)《中华人民共和国船舶及其有关作业活动污染海洋环境防治管理规定》(交通运输部令 2010 年第 7 号)；

(33)《游艇安全管理规定》(交通运输部令 2008 年第 7 号)；

(34)《港口经营管理规定》(交通运输部令 2009 年第 13 号)；

(35)《客渡轮专用信号标志管理规定》(1991 年 7 月 1 日实施)；

(36)《船舶引航管理规定》(交通部令 2001 年第 10 号)；

(37)《沿海港口船舶靠离码头暂行规定》(〔1984〕交海字 2551 号)；

(38)《液货船水上过驳作业安全监督管理规定》(交安监发〔1996〕330 号);

(39)《港口危险货物管理规定》(交通部令 2003 年第 9 号);

(40)《防止船舶垃圾和沿岸固体废物污染长江水域管理规定》(交通部令〔1997〕年第 17 号);

(41)《沉船沉物打捞单位资质管理规定》(1999 年 4 月 1 日实施);

(42)《中华人民共和国防治船舶污染内河水域环境管理规定》(交通部令 2005 年第 11 号);

(43)《倾倒区管理暂行规定》(国家海洋局,2003);

(44)《航道建设管理规定》(交通部令 2007 年第 3 号);

(45)《港口建设管理规定》(交通部令 2007 年第 5 号);

(46)《中华人民共和国船舶交通管理系统安全监督管理规则》(交通部令 1997 年第 8 号);

(47)《中华人民共和国海事局水上水下活动通航安全影响论证与评估管理办法》(海通航〔2011〕262 号);

(48)《国际航行船舶进出中华人民共和国口岸检查办法》(国务院令第 175 号);

(49)《船舶引航管理规定》(交通部令 2001 年第 10 号);

(50)《中华人民共和国引航员注册和任职资格管理办法》(交通部令 2008 年第 2 号);

(51)《中华人民共和国船舶载运危险货物安全监督管理规定》(交通部令 2003 年第 10 号);

(52)《中华人民共和国沿海航标管理办法》(交通部 2003 年 7 号);

(53)《内河航标管理办法》(交通部令 1996 年第 2 号);

(54)《海区航标设置管理办法》(交通部令〔1996〕12 号);

(55)《港口安全评价管理办法》,(交通部、国家安全生产监督局,2004 年 10 月 1 日人劳发〔2004〕462 号);

(56)《水上交通事故统计办法》(交通部令 2002 年第 5 号);

(57)《中华人民共和国海洋倾废管理条例实施办法》(国家海洋局令第 2 号,1990);

(58)《中华人民共和国打捞沉船管理办法》(国发〔1988〕31 号);

(59)《航道工程竣工验收管理办法》(交通部令 2008 年第 1 号);

(60)《港口工程竣工验收办法》(交通部令 2005 年第 2 号);

(61)《交通建设项目环境保护管理办法》(交通部令 2003 年第 5 号);

(62)《海域使用申请审批暂行办法》(国家海洋局令 2002 年第 5 号);

(63)《内河航运建设项目(工程)竣工验收办法》(交基发〔1996〕911 号);

(64)《海洋石油平台废弃管理暂行办法》(国家海洋局,2002 年 6 月);

(65)《中华人民共和国内河避碰规则》(2003 年修订);

(66)《中华人民共和国交通部拆解船舶监督管理规则》(1989 年交安监字 723 号);

(67)《海上油气生产设施废弃处置管理暂行规定》(发改能源〔2010〕1305 号);

(68)《船舶防台技术操作规则》(交通部〔1957〕339 号);

(69)《疏浚物海洋倾倒分类标准和评价程序》(国海管发〔2002〕511 号);

(70)《中华人民共和国航道管理条例实施细则》(交通运输部令 2009 年第 9 号);

(71)《水路运输管理条例实施细则》(交通运输部令 2009 年第 6 号);

(72)《船舶遇险紧急通信处置细则》(1987 年交海字 617 号);

(73)《中华人民共和国海事局水上巡航工作规范》(试行)(海通航〔2010〕586 号);

(74)《关于印发建立水上交通安全长效管理机制指导意见的通知》(交海发〔2005〕137 号);

(75)《关于推行海事行政执法政务公开的通知》(法规〔2006〕349 号);

(76)关于实施《港口工程竣工验收办法》有关事项的通知(交水发〔2005〕470 号);

(77)关于实施《航道竣工验收管理办法》有关事项的通知(交通部令 2008 年第 1 号);

(78)《关于加强涉水工程水上交通安全管理工作的通知》(交海发〔2008〕308 号);

(79)《关于发布(跨越国家航道的桥梁通航净空尺度和技术要求的审批办法)的通知》(交基发〔1994〕906 号);

(80)《关于加强沿海砂石运出船施工船安全管理工作的通知》(海通航〔2009〕763 号);

(81)《关于加强辖区桥区水域通航安全监管工作的通知》(海通航〔2010〕17 号);

(82)《船舶散装运输液化气体安全监督管理规定》(试行);

(83)《中国船舶报告系统管理规定》(2001 年 6 月 1 日)。

二、国家及行业标准

(1)《海港总体设计规范》(JTS 165—2013);
(2)《河港工程总体设计设计规范》(JTJ 212—2006);
(3)《海港水文规范》(JTS 145-2—2013);
(4)《航道整治工程技术规范》(JTJ 312—2003);
(5)《通航海轮桥梁通航标准》(JTJ 311—97);
(6)《客滚船码头安全技术及管理要求》(JT 366—97);
(7)《渠化工程枢纽总体设计规范》(JTS 182—2009);
(8)《重力式码头设计与施工规范》(JTJ 167-2—2009);
(9)《高桩码头设计与施工规范》(JTJ 291—98);
(10)《斜坡码头及浮码头设计与施工规范》(JTJ 294—1998);
(11)《防波堤设计与施工规范》(JTS 154-1—2011);
(12)《开敞式码头设计与施工技术规程》(JTJ 295—2000);
(13)《港口及航道护岸工程设计与施工规范》(JTJ 300—2000);
(14)《液化气码头安全技术要求》(JT 416—2000);
(15)《船闸总体设计规范》(JTJ 305—2001);
(16)《内河通航标准》(GB 50139—2004);
(17)《滚装码头设计规范》(JTS 165-6—2008);
(18)《海堤工程设计规范》(SL 435—2008);
(19)《液化天然气码头设计规范》(JTS 165-5—2009);
(20)《港口工程荷载规范》(JTS 144-1—2010);
(21)《干船坞设计规范》(CB/T 8524—2011);
(22)《内河助航标志》(GB 5863—93);
(23)《内河航道维护技术规范》(JTJ 287—2005);
(24)《水上安全监督站配布条件及设施配备要求》(JT/T 335—1997);
(25)《装卸油品码头防火设计规范》(JTJ 237—99);
(26)《疏浚工程技术规范》(JTJ 319—99);
(27)《中国海区水上助航标志》(GB 4696—99);
(28)《内河航道与港口水文规范》(JTJ 214—2000);
(29)《液化气体船舶安全作业要求》(GB 18180—2010);
(30)《码头附属设施技术规范》(JTJ 297—2001);
(31)《纵向倾斜船台及滑道设计规范》(CB/T 8502—2005);

(32)《船舶行业舾装码头设计标准工艺设计及荷载部分(征求意见稿)》(2005.5.28);

(33)《港口码头溢油应急设备配备要求》(JTT 451—2009);

(34)《板桩码头设计与施工规范》(JTS 167-3—2009);

(35)《斜坡码头及浮式码头设计与施工规范》(JTJ 294—98);

(36)《船闸水工建筑物设计规范》(JTJ 307—2001);

(37)《船闸总体设计规范》(JTJ 305—2001);

(38)《港口工程环境保护设计规范》(JTS 149-1—2007)。

三、区域性规范文件

(1)《大连港大三山水道船舶定线制》,1984 年;

(2)《南京长江大桥水上交通安全管理规定》,1986 年;

(3)《成山头水域分道通航制》,1989 年;

(4)《中俄国境河流航行规则》,2009 年;

(5)《中华人民共和国黑龙江水系航行规则》(港监字〔1994〕19 号);

(6)《长江下游分道航行规则》(交安监法〔1995〕516 号);

(7)《上海水上安全监督规则》,1995 年;

(8)《长山水道交通管理规定(试行)》,1998 年;

(9)《上海港长江口水域交通管理规则》,1999 年;

(10)《长江桥区水域通航安全管理规定》(长海体法〔2001〕484 号);

(11)《长江福姜沙南水道水上交通安全监督管理规定(试行)》,2002 年;

(12)《珠江口水域船舶定线制(试行)》,2002 年;

(13)《关于明确长江海事局辖区内禁止采挖江砂(石)区域的通知》(长海通航〔2002〕175 号);

(14)《长江干线采砂通航安全管理办法》(长海通航〔2003〕481 号);

(15)《长江三峡水利枢纽水上交通管制区域通航安全管理办法》,2003 年;

(16)《珠江口锚地安全管理规定(暂行)》,2003 年;

(17)《长江江苏段船舶定线制》,2003 年;

(18)《大连海事局船舶交通管理系统安全监督管理规定(暂行)》,2004 年;

(19)《天津港船舶交通管理系统安全监督管理实施细则》,中华人民共和国天津海事局,2005 年 7 月 1 日;

(20)《老铁山水道船舶定线制》,2006 年;

(21)《上海黄浦江通航安全管理规定》,2006 年;

(22)《长山水道船舶定线制》,2009 年;

(23)《曹妃甸水域船舶定线制》和《曹妃甸水域船舶报告制》,2009 年;

(24)《琼州海峡船舶定线制》,2011 年;

(25)《琼州海峡船舶交通管理系统安全监督管理细则》;

(26)《天津港大沽口港区及附近水域通航安全管理规定》(津海通航〔2011〕176 号),2011 年 6 月 1 日起施行。